교육과정융합

쉽게 배우는
중학 AI

· 본 교재는 교육부의 지원을 받아 EBS가 제작하였습니다.

· 교재 내용 문의 및 교재 정정 신청은 EBS 소프트웨어 이솝 사이트(www.ebssw.kr/ai4u2021)의 교재 Q&A 서비스를 활용하시기 바랍니다.

교육과정융합

쉽게 배우는

중학 AI

구성과 특징

사용할 도구 알아보기

학습에 앞서 활동하기에 필요한 프로그램 또는 사이트의 이용 방법을 간략히 알아보고 익숙해질 수 있도록 하였습니다.

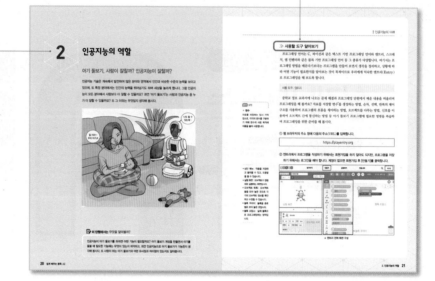

도입

중학교 학생들이 주변에서 쉽게 접할 수 있는 소재를 스토리텔링으로 제시하여 해당 단원에서 배울 내용에 대한 흥미를 유발하고 문제 상황을 이해할 수 있도록 하였습니다.

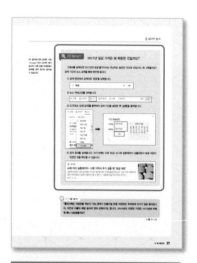

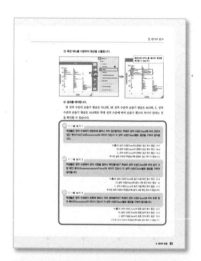

활동하기/추가 활동

도입에서 제시한 문제를 여러 도구를 이용하여 해결하면서 인공지능에 대한 이해와 학습이 자연스럽게 이루어질 수 있도록 하였습니다.

더 알아보기

알고 가면 좋을 내용을 적재적소에 배치하여 보충 학습이 이루어지도록 하였습니다.

확인해 보기/생각해 보기

배운 내용을 토대로 간단히 문제를 응용해 볼 수 있도록 하였습니다.

깊이 이해하기

활동하기에서 다루지 못한 개념과 해당 인공지능 기술이 실생활에서 사용되고 있는 분야 등을 상세히 설명하였습니다.

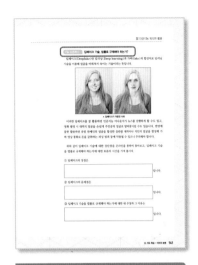

토의·토론하기/읽어 보기

학습한 내용과 관련된 논의 주제를 제시하여 학생 주도 토의가 이루어질 수 있도록 하였고, 관련 내용의 심화 내용을 제시하여 추가 학습이 이루어질 수 있도록 하였습니다.

이 단원에 숨어 있는 수학

이 단원의 학습에 관련된 수학 내용을 개념 중심으로 이해하기 쉽게 설명하였습니다.

확인 문제

관련된 수학 개념을 문제를 통해 정리할 수 있도록 하였습니다.

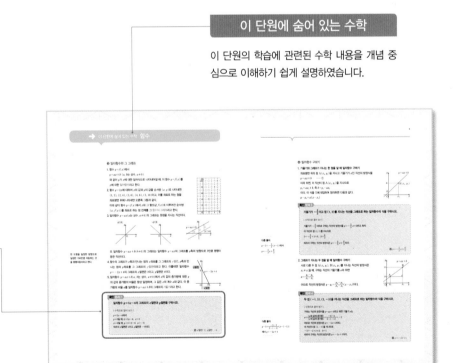

차 례

Part III 인공지능 원리와 활용

Part IV 인공지능 윤리

Part I

인공지능의 이해

1 인공지능의 개념과 역사적 사건

컴퓨터가 지능을 가진다는 것은 어떤 의미일까?

인공지능 로봇이 학교에서 여러분과 함께 수업을 듣는 장면을 상상해 본 적이 있나요? 이것은 누군가에게는 새로운 친구가 생기는 재미있는 일이 될 수도 있고, 또 누군가에게는 다른 경쟁자가 생기는 별로 좋지 않은 일이 될 수도 있습니다. 이는 인공지능에 대해 얼마나 알고 있고, 또 어떻게 인식하느냐에 따라 달라질 수 있습니다. 인공지능이 무엇인지, 인공지능의 역사와 기술의 발전을 살펴보며 컴퓨터가 지능을 가진다는 것의 의미를 함께 살펴봅시다.

이 단원에서는 무엇을 알아볼까?

인공지능의 역사와 기술의 발전을 한눈에 알아보고 이해하는 방법에는 무엇이 있을까요?
위에 주어진 단어들을 이용하여 인공지능 연대표를 만들어 봅시다.

⁝⁝ 사용할 도구 알아보기

우리가 알고 있는 연대표는 역사의 주요한 사건들을 시간의 연대순으로 배열하여 시각화한 자료입니다. 최근 SNS에서 볼 수 있는 타임라인이 바로 이러한 연대표를 응용한 사례입니다. 연대표를 보면 역사상 발생한 사건을 시간의 흐름대로 한눈에 알아볼 수 있어 발전 과정이나 변화 흐름을 쉽게 파악할 수 있습니다. 인공지능 연대표를 직접 만들어 보면서 인공지능의 역사와 기술의 발전을 살펴보고, 컴퓨터가 지능을 가진다는 것의 의미, 즉 인공지능이 무엇인지 알아봅시다.

> **사용 도구:** 구글 프레젠테이션과 검색 엔진
> • 구글 프레젠테이션에는 발표용으로 사용 가능한 다양한 형식의 자료가 제작되어 제공됩니다. 그중 연대표를 만들기 쉬운 슬라이드가 포함된 '수업 계획'이라는 템플릿(서식)을 사용하도록 합니다.
> • 검색 엔진으로 주어진 인공지능 관련 단어들을 검색하도록 합니다.

① 웹 브라우저의 주소 창에 다음 주소(URL)를 입력합니다.

> https://docs.google.com/presentation

구글 프레젠테이션은 크롬 브라우저에서 잘 동작합니다. 크롬 브라우저가 설치되지 않았다면 먼저 크롬 브라우저를 설치하도록 합니다.

② 구글 프레젠테이션을 이용하려면 먼저, 구글 계정으로 로그인을 해야 합니다. 회원가입이 되어 있다면 구글 프레젠테이션을 무료로 이용할 수 있습니다. 만약, 계정이 없다면 먼저 회원가입을 하도록 합니다.

③ 구글 프레젠테이션에 접속한 후, [새 프레젠테이션 시작하기]에서 [템플릿 갤러리]를 클릭합니다.

④ [교육] 분야에서 [수업 계획] 템플릿을 선택합니다.

⑤ [삽입] 메뉴를 이용해 텍스트, 도형, 이미지 삽입하기, [슬라이드 미리 보기] 창에서 슬라이드 이동 및 선택하기, [슬라이드 편집] 창에 마우스를 클릭하여 직접 내용을 입력하고 수정하기, [프레젠테이션 보기]를 클릭하여 전체 화면으로 발표 시작하기 등, 쉽게 프레젠테이션 자료를 만들고 편집할 수 있습니다. 다음은 구글 프레젠테이션으로 [수업 계획] 템플릿을 열었을 때 나오는 첫 번째 화면입니다.

메뉴 추가 설명

*[수업 계획] 부분을 클릭하면 프레젠테이션 제목을 수정할 수 있습니다.

*[파일] 메뉴를 이용하면 새로운 문서를 만들 수 있고, 만든 파일을 그림 파일로 저장할 수도 있습니다.

*가운데 슬라이드 창에 대고 마우스 왼쪽 버튼을 클릭하여 직접 내용을 입력하고 수정할 수 있으며, 슬라이드 창 위에 도구 모음을 이용하여 다양한 편집을 할 수 있습니다.

*[공유] 버튼을 눌러 다른 친구들과 자료를 공유할 수도 있습니다.

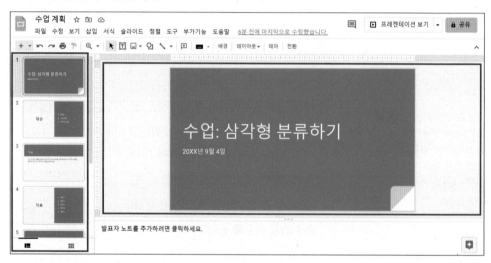

⑥ 검색 엔진으로 주어진 인공지능 관련 단어들을 검색하고, 해당 연도와 주요 내용 및 어떤 특징 등이 있는지 살펴봅시다.

인공지능은 언제부터
시작되었을까?

활동하기 **인공지능 연대표 만들기**

연대표에 어떤 내용을 넣을지 결정한 후 주어진 인공지능 관련 단어들에 대한 내용을 찾아 슬라이드로 만들어 봅시다.

① 연대표에 들어갈 내용 선택하기

먼저 연대순으로 배열해야 하므로, 연대 구분이 들어가야 합니다. 또 관련 단어들이 인공지능 분야에 영향을 미친 사건인지, 아니면 인공지능 관련 기술인지 구분하여 봅시다.

템플릿에서 제공하는 슬라이드 중 불필요한 슬라이드는 삭제하고, 활용 가능한 슬라이드는 적절히 수정하여 사용합니다.

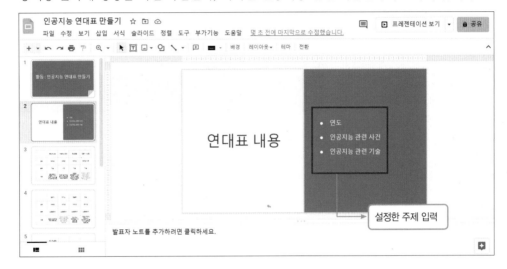

② 검색 엔진으로 인공지능 관련 단어를 검색하고, 슬라이드 만들기

검색 엔진의 검색창에 주어진 인공지능 관련 단어를 하나씩 입력하여 검색하면서 해당 연도를 찾아 입력합니다. 또, 각각의 단어가 인공지능 관련 사건이나 기술 중 어디에 속하는지 분류한 후 관련된 주요 내용을 슬라이드에 정리하여 봅시다.

검색은 백과사전 또는 위키백과와 같은 신뢰도가 높은 사이트의 내용을 참고하면 좋습니다.

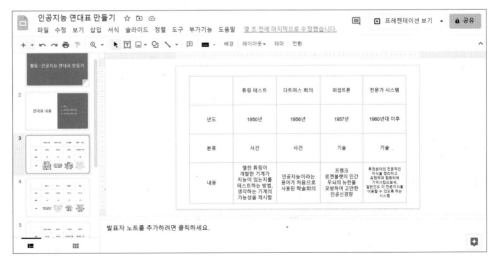

③ 인공지능 연대표 만들기

단어들을 찾아 정리한 내용을 살펴보면 1950년에서부터 2016년까지의 연도가 있으므로 다음과 같이 4개의 연대로 구분하여 연대표를 만들어 봅시다.

> • 연대 구분: 1950년대~1960년대, 1970년대~1980년대, 1990년대~2000년대, 2010년대~현재
> • 사건과 기술 구분: 연대를 기준으로 위쪽에는 사건, 아래쪽에는 기술을 시간 순서대로 배열합니다.

여기서 제시한 자료는 하나의 예입니다. 디자인을 다르게 하거나 관련 사진을 추가하여 더 멋지게 만들 수도 있습니다. 또한 본인이 만든 연대표와 친구가 만든 연대표가 다르다면 왜 그러한 차이가 발생했는지 이야기해 보는 것도 좋은 탐구 활동이 될 것입니다.

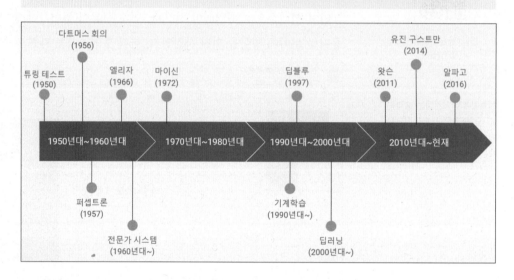

④ 검색 내용과 연대표 해석하기

검색한 내용을 바탕으로 만든 연대표를 보면 1950년 튜링 테스트가 제안되고, 1956년 다트머스 회의에서 '인공지능'이란 단어가 처음 사용되었으며, 인공지능에 대한 논의가 본격적으로 시작된 이후로 다양한 인공지능 소프트웨어가 등장하면서 세상에 많은 영향을 주었음을 알 수 있습니다. 인공지능 소프트웨어는 초창기부터 인간과의 대화를 시도하였고, 의학에 사용되어 인간의 치료를 돕기도 하였으며, 또한 체스나 퀴즈, 바둑 등의 시합을 통해 인간과 대결도 하였음을 알 수 있습니다. 또 1957년 퍼셉트론이라는 인간의 두뇌를 모방하여 인공 신경망을 만들려는 기술, 1960년대 이후 전문가 시스템을 비롯한 규칙 기반의 인공지능 기술이 등장하였고, 1990년대 기계학습과 2000년대 딥러닝 기술에 이르기까지 계속하여 인공지능 기술이 발전해 오고 있음을 알 수 있습니다. 이처럼 인공지능은 최근에 갑자기 나온 낯선 주제가 아니라 컴퓨터가 세상에 등장한 이후로 함께 지속적으로 연구되고 있는 분야임을 알 수 있습니다.

인터넷에서 인공지능 연대표를 검색하여 다른 연대표에서는 그 시기를 어떻게 설명하고 있는지 알아보는 것도 흥미로운 활동이 될 것입니다.

💡 **생각**해 보기

> 작성한 연대표를 살펴보면, 1980년대~1990년대 초, 2000년대~2010년 사이는 인공지능 역사에서 특별한 사건이 일어나지 않았던 시기로 보입니다. 이 시기가 의미하는 것이 무엇일지 생각해 봅시다.

⊕ 더 알아보기 연대표를 분류하는 기준을 사건이나 기술이 아닌 사람과의 경쟁, 사람과의 협업으로 변경하고 새로운 단어들로 연대표를 만들려면 어떻게 해야 할까?

먼저 연대표에 들어갈 인공지능 관련 단어들을 새롭게 추출해야 하므로 새로운 기준인 '사람과의 경쟁', '사람과의 협업'을 포함하여 검색 엔진에 검색어를 입력해야 합니다.

다음과 같이 '인공지능과 인간 협업의 역사'를 검색어로 하여 검색하면 관련된 다양한 자료들이 검색됩니다.

'사람과의 경쟁'과 관련한 연대표 작업도 '사람과의 협업' 작업 예시와 유사하게 하도록 합니다.

Google	인공지능과 인간 협업의 역사	✕ ⌨ 🎤 🔍

검색한 결과 중 인간에게 다양한 분야에서 도움을 준 인공지능 소프트웨어나 인공지능이 탑재된 기계 이름들을 구글 프레젠테이션에 적고, 새롭게 작성한 인공지능 관련 단어들을 가지고 다시 앞의 과정을 반복하며 연대표를 만들면 새로운 기준으로 인공지능의 역사를 살펴볼 수 있으므로, 인공지능을 더 깊이 이해할 수 있습니다.

> 1961: 1950년대에 조지 데볼에 의해 발명된 산업용 로봇인 유니메이트(Unimate)는 뉴저지의 제너럴 모터스 조립 라인에서 최초로 작업하게 되었다. 그것의 책임에는 조립 라인에서 다이 주물을 운반하고 부품들을 자동차에 용접하는 것이 포함되었는데, 이것은 인간에게 위험하다고 여겨지는 작업이다.
>
> 1961: 컴퓨터 과학자 겸 교수인 제임스 슬래글은 1학년 미적분학에서 상징적 통합에 초점을 맞춘 경험적 문제 해결 프로그램인 SAT(Symbolic Automatic Integrator)를 개발했다.

Q&A

Q1 구글 프레젠테이션으로 데이터를 만들기 어렵다면?

A1 구글 프레젠테이션을 이용하여 슬라이드에 내용을 정리하거나 연대표 만드는 것이 어렵다면 검색한 내용을 종이에 직접 써서 정리하며 나만의 개성 있는 연대표를 만드는 것도 충분히 의미 있는 활동이 될 것입니다.

Q2 검색 엔진으로 검색한 내용들을 정리하는 데 어려움이 있다면?

A2 검색 엔진으로 검색한 결과 중 어떤 것을 바탕으로 인공지능 관련 단어들의 내용을 정리해야 할지 결정하는 것이 어렵다면, 위키백과 자료 또는 컴퓨터나 IT 단어 사전 등의 자료를 이용하는 것도 좋은 선택이 될 수 있고, 공신력 있는 뉴스 기사 자료 등을 비교 검토하여 반복되는 내용을 확인하면 관련된 내용을 더 정확도 높게 정리할 수 있을 것입니다.

| 학습에 도움이 되는 추천 영상 QR 코드

인공지능이 뭐예요?

최근 카메라 앱으로 사진을 찍으면 앱이 사진을 찍기도 전에 사람의 눈, 코, 입, 턱, 이마 등 얼굴 전체를 정확히 인식하여 미리 설정한 대로 얼굴을 꾸미고 변화시켜 사용자가 만족하는 이미지를 생성합니다. 또, 어떤 가전제품은 미리 설정한 조건에 따라 동작하는 것을 넘어 실시간으로 현재 상태를 분석하고, 그에 맞는 동작을 할 뿐만 아니라 미리 다음 상황을 예측하고 적절한 대응 동작을 하면서 주변 환경을 쾌적하게 변화시키기도 합니다.

▲ 일상에서 사용되고 있는 인공지능

이렇듯 인공지능 기술은 이미 우리 생활 곳곳에 들어와 우리의 일상에 자연스럽게 스며들고 있습니다. 그렇다면 과연 인공지능이란 무엇일까요?

인공지능을 이해하려면 먼저 인간의 지능에 대한 이해가 필요합니다. 사실 지능은 명확한 정의를 내리기 어려운 단어입니다. 그러나 일반적으로 인간이 어떤 대상을 식별하고, 소리나 언어, 문자를 이해하는 인식 능력이나 새로운 것을 배우고 규칙을 찾고 다른 대상에 적용하며 학습하는 능력, 기존에 알고 있는 지식을 바탕으로 새로운 지식을 추론하는 능력 등과 같은 지적인 능력을 '지능'이라고 정의합니다.

인공지능은 바로 이러한 인식 능력, 학습 능력, 추론 능력 등 인간 지능의 특징을 모방하여 소프트웨어나 이를 포함한 시스템으로 구현하려는 기술을 의미합니다. 지능 자체의 개념이 명확하지 않기 때문에 인공지능에 대한 정의도 매우 다양할 수밖에 없는데, 인공지능에 대한 다양한 정의와 관점들은 크게 약인공지능과 강인공지능 두 가지로 구분할 수 있습니다.

약인공지능과 강인공지능 예시

＊약인공지능: IBM의 닥터 왓슨, 구글의 알파고, 애플의 시리, 페이스북의 자동 얼굴 인식, 네이버 파파고 번역기 등이 있습니다.

＊강인공지능: 공상 과학 소설(SF)이나 영화 속에 자주 등장하는 인공지능. 영화 아이언맨의 자비스, 트랜센던스의 월, 터미네이터의 스카이넷 등이 있습니다.

첫째, 약인공지능은 실용적인 목적으로 특정 분야에서 어떤 문제를 해결하는 지적 능력이 응용되는 인공지능을 말합니다. 둘째, 강인공지능은 지능 자체의 구현을 목적으로 모든 분야에서 인간과 같거나 인간을 뛰어넘는 지적 능력을 발휘하는 인공지능을 의미합니다. 우리가 보통 일상에서 경험하는 인공지능은 약인공지능이며, 최근 강인공지능에 관한 연구도 활발하게 이루어지고 있습니다.

우리는 활동을 통해 인공지능의 역사가 최초의 컴퓨터가 만들어진 이후에 시작되었음을 알 수 있었습니다. 과연 인공지능은 어떤 과정을 거쳐 발전하였으며, 인공지능을 구현하는 방법은 어떻게 변화되었는지 살펴봅시다. 또 현재 인공지능 기술은 어느 수준까지 발전하였는지도 알아봅시다.

1. 인공지능 기술의 발전 과정

1950년 앨런 튜링의 논문에 나온 "생각하는 기계"를 실제로 어떻게 만들 것인지에 대한 논의는 1956년 다트머스 회의에서 인공지능이란 단어가 처음 제시되며 본격적으로 시작되었습니다.

처음 1950년~1960년대 인공지능 연구의 핵심은 당시 세상에 등장한 컴퓨터의 뛰어난 계산 능력을 바탕으로 가능한 모든 경우의 수를 계산하고, 추론과 탐색을 통해 해답을 찾아내는 것이었습니다. 추론과 탐색의 원리는 미로 찾기, 퍼즐, 체스 등 게임에 적용되었고, 여기서 소프트웨어가 스스로 문제를 해결하는 모습에 사람들은 큰 관심을 보였습니다. 그러나 이후 게임이 아닌 현실의 복잡한 문제에 적용되지 못하였고, 이제 막 세상에 나온 컴퓨터의 부족한 성능으로 인해 여전히 인간의 능력에는 미치지 못하는 수준이었습니다. 그러나 1997년 추론과 탐색의 원리가 적용된 IBM의 인공지능 소프트웨어 딥블루는 당시 체스 세계 챔피언과의 대결에서 승리하며 성과를 나타내기도 하였고, 현재에도 여전히 추론과 탐색의 원리는 인공지능의 중요한 기술로 사용되고 있습니다.

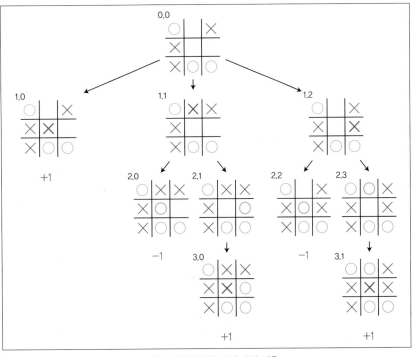

▲ 삼목 게임에 대한 탐색 기법 적용

이어서 1970년~1980년대 인공지능 연구는 현실의 문제에 관심을 갖게 되었고, 세상의 문제를 해결하기 위한 실용적인 방법을 찾기 시작하였습니다. 이는 특정 분야의 전문가 지식을 규칙으로 만들어 컴퓨터에 입력하고, 컴퓨터 시스템이 그것을 추론함으로써 컴퓨터가 전문가 수준의 판단을 하도록 만드는 전문가 시스템으로 세상에 등장하여 보건·의료 분야에 적용되었습니다. 1970년대 초 스탠퍼드 대학에서 개발한 마이신은 전염성 혈액 질환 환자 진단 시스템으로 500가지 규칙이 준비되어 있어서 환자가 질문에 대답하다 보면, 감염된 세균을 찾아 치료에 적합한 항생 물질을 전문 의사 대신 처방해 주는 역할을 하였습니다. 전문가 시스템은 보건·의료 외에도 더 많은 분야에 이용되었고, 사람들은 큰 관심을 보이며 인공지능에 주목하였습니다. 그러나 세상의 모든 지식을 시스템에 추가하는 것은 불가능하였고, 인간이 직접 지식을 표현하고 규칙을 만들어 인간 전문가와 같은 수준의 시스템을 만드는 것은 어려운 일이었습니다. 그렇게 인공지능 연구는 다시 침체기를 맞게 됩니다. 물론, 지식과 규칙 기반 인공지능 기술은 현재도 계속 사용되고 있으며 법률, 의학, 경영 등 많은 분야에서 활용되고 있습니다.

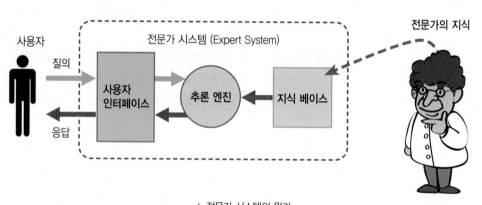

▲ 전문가 시스템의 원리

2000년대 초반부터 시작된 인터넷의 급속한 전파와 컴퓨터 성능의 향상은 데이터의 폭발적인 증가로 이어졌고, 인공지능 연구는 데이터에 주목하게 되었습니다. 인공지능 소프트웨어가 특정 분야의 수많은 데이터를 이용하여 스스로 학습하고, 학습 결과를 새로운 상황이나 대상에 적용하여 무엇인가를 결정하고, 예측하는 방식인 기계학습 기반 인공지능이 등장하게 된 것입니다. 기계학습을 통해 학습한 인공지능 소프트웨어는 스팸 메일을 구분해 내고, 사진을 구별하는 등 특정 분야에서 인간보다 뛰어난 성능을 보이며 세상에 커다란 관심을 불러일으켰습니다. 2016년 구글 딥마인드의 인공지능 소프트웨어 알파고는 기존에 인공지능 기술로는 불가능하다고 여겼던 바둑 분야에서 세계적인 프로 바둑 기사인 이세돌 9단에게 승리함으로써 세상에 큰 충격을 주었습니다.

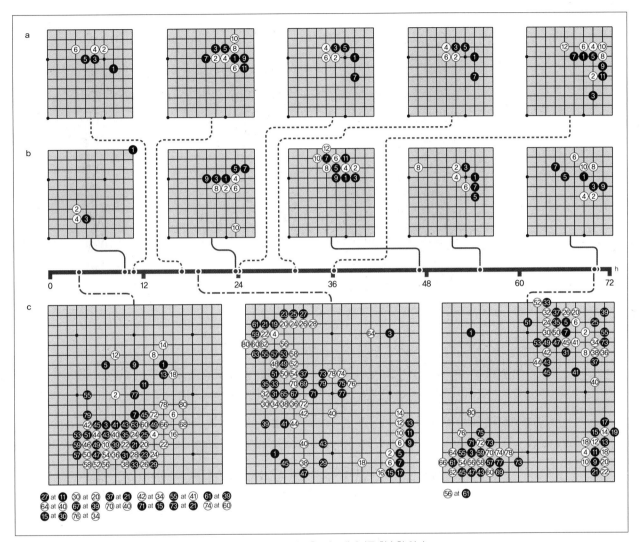

▲ 약 3,000만 개의 바둑을 두는 데이터를 학습한 알파고

2. 현재 인공지능 기술의 발전 수준

현재 인공지능 기술은 발전을 거듭하며 다양한 분야에서 활용되고 있습니다. 분야별 사례를 살펴보면 사물 인식 분야에서 구글 렌즈, 네이버 스마트 렌즈는 단순히 대상을 분류하는 것뿐만 아니라 구체적인 제품명, 건물의 이름, 작품의 이름과 작가명, 식물의 품종 등 다양한 정보를 분석해 냅니다. 특히 구글 렌즈로 사진 속 글자를 보면 구글 번역이 제공하는 언어 번역 기능이 동작하여 해석을 수행합니다.

▲ 구글 렌즈를 통한 사물 인식, 언어 번역

또, 인간의 언어를 분석하여 처리하는 자연어 처리 분야에서 GPT-3는 인간이 사용하는 언어를 이해하고, 상당히 많은 분야의 질문에 답할 수 있습니다. 이것은 단일 문장이 아니라 대화의 문맥을 파악하고 창의적인 답변을 내놓는 수준에 도달했다는 것을 의미하며, 인간이 작성한 뉴스 기사와 구분하기 어려운 수준의 기사를 작성할 수도 있습니다. 실제로 GPT-3에 어떤 문장을 주고 그것을 다른 스타일로 바꿔서 만들어 보라고 하면, GPT-3는 그 스타일을 주어진 문장에 적용하여 창의적으로 새로운 문장을 만들어 내기도 합니다.

주어진 문맥
> 문장을 다음처럼 낚시성 제목 스타일로 바꿔라!
> "여우가 게으른 개를 뛰어 넘었다" → "이 질투하는 개가 약삭 빠른 여우에게 복수하는 모습을 보세요!"

GPT-3 생성 결과
> "여우가 게으른 개를 뛰어 넘었다" → "이 멍청이는 여우를 잘못 건드렸습니다"
> "여우가 게으른 개를 뛰어 넘었다" → "이 여우는 너무 웃겨서 웃기지도 않습니다"
> "여우가 게으른 개를 뛰어 넘었다" → "엄청 영리한 여우가 개를 10번 연속으로 가지고 노는 모습을 보세요"

▲ GPT-3 예시: 낚시성 기사 제목 쓰기

그리고 예술 분야에서도 빈센트 반 고흐나 렘브란트 화풍을 모방하여 새로운 그림을 그리거나 새로운 음악을 비틀즈 스타일로 작곡하는 인공지능 소프트웨어도 등장하였습니다. 특히, 구글의 딥드림은 기존에 학습한 그림을 그리는 데이터를 기반으로 고흐의 그림을 따라서 그리는 학습을 수행하였고, 새로운 그림을 고흐의 화풍으로 그리는 수준까지 왔습니다.

▲ 구글 딥드림을 활용하여 고흐의 화풍으로 그린 김제 금산사 그림

또한, 의료 분야에서는 인공지능 헬스케어 기술이 의료 이미지 분석을 통해 환자에 대한 의사들의 진단과 처방이 좀 더 정확하고 빠르게 이루어질 수 있도록 하며, 의료 데이터를 분석하여 신약 개발 및 의료 서비스 의사 결정에 도움을 제공하고 있습니다.

이처럼 현재 인공지능 기술은 인간의 지능을 모방하며 학습을 통해 계속해서 발전하고 있으며, 앞으로 다양한 분야에서 인

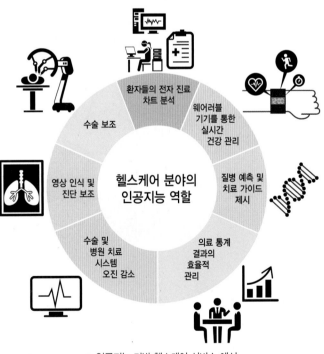

▲ 인공지능 기반 헬스케어 서비스 예시

간과 협력하며 미래에 다양한 문제들에 대한 의사를 결정하고 해결 방법을 찾는 데 큰 도움을 줄 것으로 전망됩니다.

2 인공지능의 역할

아기 돌보기, 사람이 잘할까? 인공지능이 잘할까?

인공지능 기술은 계속해서 발전하여 많은 분야와 영역에서 인간과 비슷한 수준의 능력을 보이고 있으며, 또 특정 분야에서는 인간의 능력을 뛰어넘기도 하며 세상을 놀라게 합니다. 그럼 인공지능이 모든 분야에서 사람보다 더 잘할 수 있을까요? 과연 '아기 돌보기'는 사람과 인공지능 중 누가 더 잘할 수 있을까요? 또 그 이유는 무엇일지 생각해 봅시다.

📝 이 단원에서는 무엇을 알아볼까?

인공지능이 아기 돌보기를 하려면 어떤 기능이 필요할까요? 아기 돌보기 게임을 만들면서 아기를 돌볼 때 필요한 기능에는 무엇이 있는지 파악하고, 과연 인공지능으로 아기 돌보기가 가능한지 생각해 봅시다. 또 사람이 하는 아기 돌보기와 어떤 유사점과 차이점이 있는지도 알아봅시다.

⠿ 사용할 도구 알아보기

프로그래밍 언어는 C, 파이선과 같은 텍스트 기반 프로그래밍 언어와 엔트리, 스크래치, 앱 인벤터와 같은 블록 기반 프로그래밍 언어 등 그 종류가 다양합니다. 여기서는 프로그래밍 방법을 배운다기보다는 프로그램을 만들어 보면서 생각을 정리하고, 상황에 따라 어떤 기능이 필요한지를 알아보는 것이 목적이므로 우리에게 익숙한 엔트리(Entry)로 프로그래밍을 해 보도록 합니다.

사용 도구: 엔트리

중학교 정보 교과서에 나오는 문제 해결과 프로그래밍 단원에서 배운 내용을 떠올리며 프로그래밍을 해 볼까요? 자료를 저장할 변수*를 생성하는 방법, 순차, 선택, 반복의 제어 구조를 사용하여 프로그램의 흐름을 제어하는 방법, 오브젝트를 다루는 방법, 신호를 이용하여 오브젝트 간에 통신하는 방법 등 아기 돌보기 프로그램에 필요한 명령을 복습하며 프로그래밍을 위한 준비를 해 봅시다.

① 웹 브라우저의 주소 창에 다음의 주소(URL)를 입력합니다.

> https://playentry.org

② 엔트리에서 프로그램을 작성하기 위해서는 회원가입을 하지 않아도 되지만, 프로그램을 저장하기 위해서는 로그인을 해야 합니다. 계정이 없으면 회원가입 후 [만들기]를 클릭합니다.

▲ 엔트리 전체 화면 구성

용어 설명

★ **변수**
자료를 저장하는 임시 기억 장소로, 각각의 변수를 구분하기 위해 변수의 사용 목적에 이름을 붙여 사용합니다.

* 상단 메뉴: 작품을 저장하고 불러올 수 있고, 도움말을 볼 수 있습니다.

* 실행 화면: 오브젝트가 명령대로 실행하는 화면입니다.

* 오브젝트 목록: 오브젝트들을 모아 놓은 곳으로 각각의 오브젝트 정보를 확인하고 수정할 수 있습니다.

* 블록 꾸러미: 블록을 종류별로 모아 놓은 곳입니다.

* 블록 조립소: 실제 블록으로 프로그래밍하는 영역입니다.

③ 어떤 자료를 기억 장소에 저장하고 필요할 때 사용하기 위해 변수를 이용합니다. 변수는 블록 꾸러미의 [속성]−[변수]−[변수 추가하기]를 차례대로 클릭한 후, 변수 이름을 사용 목적에 맞게 지정 후 입력하여 만듭니다. 변수를 만들면 변수 보이기/숨기기, 기본값 설정, 슬라이드 형식 추가 등 세부 속성을 변경할 수 있습니다.

④ 제어 구조에는 순차, 선택, 반복 구조가 있으며 프로그램을 작성할 때는 기본적으로 명령을 순서대로 실행하는 순차 구조로 작성합니다. 이때 조건에 따라 특정 명령을 다르게 처리하려면 선택 구조를, 특정한 부분을 반복해서 실행하려면 반복 구조를 사용하여 프로그램의 흐름을 제어합니다.

▲ 순차 구조　　　　　▲ 선택 구조　　　　　▲ 반복 구조

⑤ 오브젝트 목록에 있는 오브젝트의 확장 버튼을 누르면 오브젝트의 정보를 수정할 수 있습니다.

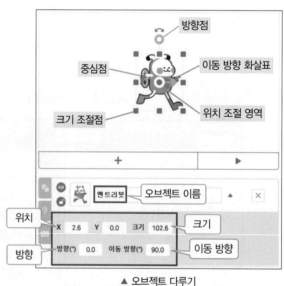

▲ 오브젝트 다루기

＊오브젝트 이름: 오브젝트의 이름을 확인하고 수정할 수 있습니다.
＊위치: (X, Y) 좌표를 이용하여 오브젝트의 위치를 나타냅니다.
＊크기: 오브젝트의 크기를 키우거나 줄일 수 있습니다.
＊방향: 오브젝트가 움직이는 각도를 나타냅니다.
＊이동 방향: 오브젝트의 화살표가 가리키는 방향입니다.

⑥ 블록 꾸러미의 [속성]−[신호] 메뉴에 있는 [신호 추가하기]로 어떤 동작에 대한 신호를 만들고, [블록]−[시작] 메뉴에 있는 '신호를 받았을 때'와 '신호 보내기', '신호 보내고 기다리기' 등의 블록을 이용하여 신호를 통해 다른 오브젝트의 동작을 제어할 수 있습니다.

활동하기 아기 돌보기 프로그램 구현하기

다음과 같은 과정을 통해 문제 상황 분석부터 프로그램 구현까지 따라 해 봅시다.

1. 문제 상황

인공지능이 아기 돌보기를 잘할 수 있을까?

2. 문제 이해와 분석하기

문제 해결 과정

 문제 이해와 분석하기

 추상화하기

알고리즘 설계하기

 프로그래밍하기

> **해결해야 할 문제:** 다양한 상태에 따른 아기의 요구를 파악하고, 요구에 적절한 조치를 함으로써 아기의 만족도를 올려 아기 돌보기에 성공하는 프로그램을 만들기

▶ **현재(초기) 상태:** 아기가 어떤 요구를 하며 울고 있는 상태

▶ **목표 상태:** 아기의 만족도를 높여 아기 돌보기에 성공한 상태

3. 추상화하기

아기 돌보기 프로그램을 만들기 위해 문제를 작은 문제로 분해하고, 각각의 핵심 요소를 추출하기 위해서는 먼저, 문제 단순화에 필요한 사항들을 체크한 후 진행하도록 합니다.

문제 단순화하기

- **아기 상태 분류:** '배고픔', '졸림', '쉬함', '심심함'
- **아기의 요구 맞추기:** '분유병', '수면', '기저귀', '곰인형' 중 어떤 조치를 선택함으로써 아기의 요구에 반응하기
- **만족도 확인:** 아기 요구에 대해 적절히 반응했는지를 평가하여 아기 돌보기 성공 및 실패 판정하기

문제 분해하기		
아기 상태 정하기	요구 맞추기	만족도 확인

핵심 요소 추출하기		
작은 문제	핵심 요소	핵심 요소 설명
아기 상태 정하기	배고픔	배고파서 우는 상태이며 먹을 것을 요구함.
	졸림	졸려서 우는 상태이며 재워 줄 것을 요구함.
	쉬함	쉬해서 우는 상태이며 기저귀를 갈아 주기를 요구함.
	심심함	심심해서 우는 상태이며 놀아 주기를 요구함.
요구 맞추기	분유병	아기에게 분유를 먹이며 '배고픔' 요구에 대응함.
	수면	아기를 재우며 '졸림' 요구에 대응함.
	기저귀	아기의 기저귀를 갈아 주며 '쉬함' 요구에 대응함.
	곰인형	아기에게 곰인형을 주며 '심심함' 요구에 대응함.
만족도 확인	성공	만족도가 10 이상이면 '아기 돌보기 성공!' 메시지 출력
	실패	만족도가 0 이하면 '아기 돌보기 실패...' 메시지 출력

4. 알고리즘 설계하기

아기의 4가지 상태를 임의로 정하고, 아기의 우는 소리와 옹알이를 듣고 판단한 상태에 대해 적절한 대응을 하며 아기의 요구를 맞추는 시도를 합니다. 요구를 맞출 때는 만족도가 상승하고, 요구를 맞추지 못할 때는 만족도가 하락하여 아기의 만족도에 따라 아기 돌보기 성공 및 실패가 결정되는 아기 돌보기 게임 알고리즘을 설계해 봅시다.

알고리즘 설계
① 아기의 기본 만족도를 5로 정하기
② **아기 상태 정하기**: '배고픔', '졸림', '쉬함', '심심함' 중에서 임의로 하나를 선택하여 정하고 우는 것과 옹알이로 요구를 표시하기
③ **아기 요구 맞추기**: 아기가 울면서 옹알이하는 것을 듣고 '분유병', '수면', '기저귀', '곰인형' 중 하나를 클릭하여 요구를 맞추며 아기의 요구에 대응하기
④ **판단하기**: 만약 아기의 상태에 따른 요구와 요구에 맞춘 대응이 일치하면 만족도를 1 증가시키고, 그렇지 않으면 만족도를 1 감소시키기
⑤ **만족도 처리하기**: 만약 만족도가 10 이상이면 '아기 돌보기 성공!' 메시지를 출력한 후 게임을 종료하고, 만족도가 0 이하이면 '아기 돌보기 실패...' 메시지를 출력하고 게임을 종료하기, 만족도가 0 초과 10 미만이면 ②번으로 가서 다시 ②, ③, ④, ⑤를 순서대로 진행하기

5. 프로그래밍하기

화면 구성
배경으로 방 오브젝트를 추가하고, 아기 오브젝트는 중앙에 배치합니다. 기저귀, 분유병, 수면, 곰인형 오브젝트를 각각 아기 주변에 배치하고, 왼쪽 위에는 만족도 값이 보이도록 배치합니다.

▲ 화면 구성 미리 보기

필요한 오브젝트		필요한 신호	
방(2)	배경 화면	만족도 확인	만족도를 확인하는 신호
아기	아기(파일로 추가함)	요구 맞추기	요구를 맞추었는지 판단하는 신호
기저귀	기저귀(파일로 추가함)	아기 상태 정하기	아기의 상태를 정하는 신호
분유병	분유병(파일로 추가함)	**필요한 변수**	
수면	수면(파일로 추가함)	판단	아기의 요구를 판단하여 저장하는 판단 변수
곰인형	곰인형	만족도	아기의 현재 만족도를 저장하는 만족도 변수
		요구	아기의 상태에 따라 해당하는 요구를 저장하는 요구 변수
		상태	아기의 상태를 저장하는 상태 변수

① 각종 신호 보내기로 게임 시작하기

아기 상태 정하기, 요구 맞추기, 만족도 확인 신호를 각각 보내고 기다리는 것을 계속 반복하며 아기 돌보기 게임을 시작합니다.

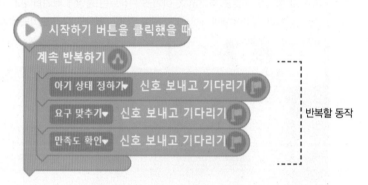

② 아기 상태 정하기

아기의 상태를 1부터 4 사이의 랜덤, 즉 무작위 수로 정하여 상태 변수에 저장합니다. 만약 상태 값이 1이면 요구를 '쉬함'으로 정하고, 요구 변수에 저장합니다. 마찬가지로 상태 값이 2면 '배고픔'으로, 3이면 '졸림'으로, 4면 '심심함'으로 각각 요구를 정하고 요구 변수에 저장합니다. 아기 오브젝트의 모양을 우는 아기로 바꾸고, 옹알이하는 것처럼 의미를 알 수 없는 문자를 말하도록 합니다. 아기 울음소리를 다양하게 재생하며 아기가 우는 것으로 요구를 표현하도록 합니다. 각각의 조건마다 코드를 작성하도록 합니다.

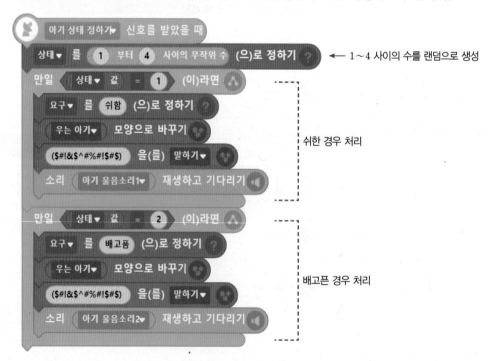

③ 아기 요구 맞추기

아기 오브젝트가 우는 아기 모양으로 바뀌고, 옹알이하며 울기 시작하면 아기의 요구를 판단하여 '기저귀', '분유병', '수면', '곰인형' 오브젝트 중 하나를 클릭하여 아기의 요구에 대응함으로써 요구를 맞춥니다. 기저귀 오브젝트를 클릭하면 판단 변수에 1을 저장하고, 오브젝트가 클릭됐음을 나타내기 위해 기저귀 모양을 90도 회전하게 합니다. 그리고 2초 기다립니다. 마찬가지로 분유병, 수면, 곰인형 오브젝트에 대해서도 오브젝트를 클릭하면 판단 변수에 2, 3, 4를 각각 저장하고, 모양을 90도 회전한 것으로 바꾼 후 2초 기다리는 것으로 코드를 작성합니다.

▲ 기저귀 갈기

▲ 분유 먹이기

▲ 재우기

▲ 곰인형과 놀기

④ 아기의 요구를 맞추었는지 판단하기

사용자가 오브젝트를 클릭하여 아기의 요구를 판단하여 대응하면 그 판단이 맞았는지 판단하여 결과에 따라 만족도를 높일지, 아니면 낮출지 결정합니다. 만약 판단 변수와 상태 변수의 값이 같으면 요구를 맞춘 것으로 하고 만족도 변수를 1만큼 증가시킨 후 아기가 우는 소리를 멈추고, 아기의 모양도 원래대로 바꾸고, 웃는 텍스트를 메시지로 출력합니다. 그렇지 않고 판단 변수와 상태 변수의 값이 다르면 만족도 변수를 1만큼 감소시키고, 아기는 계속 우는 모양으로 유지한 채, 우는 텍스트를 메시지로 출력합니다.

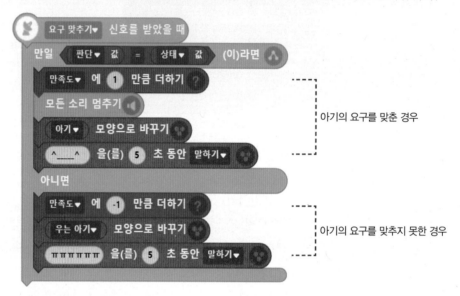

⑤ 아기 만족도 처리하기

게임 시작 이후 만족도 변수를 계속 확인하여 만족도 변수의 값에 따라 게임의 성공과 실패를 판정한 후 게임을 종료합니다. 만약 만족도 값이 10 이상이면 '아기 돌보기 성공!' 메시지를 출력하고, 게임을 종료합니다. 그렇지 않고 만약 만족도 값이 0 이하이면 '아기 돌보기 실패…' 메시지를 출력하고, 게임을 종료합니다.

⑥ 아기 돌보기 게임 실행하기

시작하기 버튼을 클릭하여 게임을 시작하고, 아기 돌보기에 성공해 봅시다.

◀ 실행 시작

◀ 실행 중: 곰인형 클릭한 직후

▲ 게임 결과: 아기 돌보기 성공   ▲ 게임 결과: 아기 돌보기 실패

6. 아기 돌보기 게임과 현실 세계 비교하기

게임을 해 보면 아기의 상태를 파악하고, 아기의 요구에 맞는 적절한 대응을 하는 것이 매우 어렵다는 것을 알게 될 것입니다. 옹알이는 무슨 말인지 알기 어렵고, 아기 울음소리는 미묘하게 차이가 있지만 구분하기가 매우 어렵습니다. 그리고 계속 실시간으로 바뀌는 아기의 요구에 대해 계속 대응하기도 어렵습니다. 그럼 아기 돌보기 게임이 아니라 실제 아기 돌보기는 어떨까요? 게임은 실제 상황을 많이 단순화하고 추상화하여 표현했기 때문에 실제는 게임보다 더욱 복잡하고 대응하는 것도 게임처럼 간단하지 않습니다. 기저귀 갈기, 분유 타서 먹이기, 재우기, 놀아 주기도 더욱 복잡한 과정과 정교한 동작이 필요하고, 아기의 상태와 반응을 살피는 일도 더욱 복잡하고 대응하기가 어렵습니다. 표정 구분, 울음소리의 의미 파악 등은 아주 어려운 일임이 분명합니다.

일상생활에서 인공지능은 지능형 서비스 형태로 사람의 일을 대신하거나 사람을 돕는 일을 하고 있습니다. 사람 대신 원하는 음악과 사진을 검색하고 추천해 주기도 하고, 인공지능 비서나 스피커는 일정 관리, 날씨 정보 알림, 주요 뉴스 요약해 주기 등 다양한 일을 처리하고 있습니다. 의료 분야에서는 병의 진단과 처방에 도움을 줄 뿐만 아니라 전염병 예방 관리에도 활용됩니다. 아울러 인공지능 기술은 계속 발전하면서 다양한 분야로 활용 영역을 넓히고 있습니다.

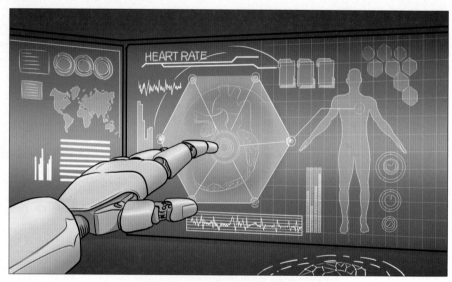

▲ 인공지능이 높은 정확도로 진단하는 의료 서비스

그럼 인공지능은 모든 분야에서 인간보다 더 뛰어난 능력을 발휘하고, 모든 일을 능숙하게 처리할 수 있을까요? 사람과 인공지능을 비교하며 사람이 잘할 수 있는 일과 인공지능이 잘할 수 있는 일에 대해 알아보고, 인공지능의 역할에 대해 생각해 봅시다.

1. 인공지능과 사람의 비교

인공지능과 사람의 지능에 대해 비교해 볼까요? 우리가 접하고 있는 인공지능의 종류는 약인공지능으로 대부분 어떤 문제에 특화된 인공지능입니다. 즉, 복잡한 계산을 사람보다 더 빠르고 정확하게 하고, 복잡한 경제 지표를 분석하고, 의료 분야에서 엑스레이 분석을 사람보다 더 정교하게 하고, 어떤 화가의 화풍을 학습하여 그림을 잘 그리고, 프로 기사보다 바둑을 더 잘 두고, 사람보다 어떤 게임을 더 잘하고, 특정 종류의 요리를 잘하는 등 한 가지 일에 대해 특화되어 있습니다.

반면 사람의 지능은 특정 분야에 대해 뛰어난 문제 해결력을 발휘하기도 하지만, 동시에 감정을 통제하고 상대방의 감정을 읽기도 하고 눈, 코, 입, 귀, 손 등의 감각 기관을 통해 다양한 정보를 처리하기도 합니다. 또한 신체를 움직여 원하는 동작을 하는 등 종합적인 지적 능력을 발휘하며 주어진 환경에 적응하기도 하고, 환경을 변화시키기도 합니다.

그렇다면 현재 인공지능이 하는 어떤 문제에 특화된 각각의 기능을 모아서 하나로 만들면 인간과 같은 종합적인 지능을 만들 수 있을까요? 그것은 아직 매우 어려운 일입니다. 인간과 같은 종합적인 지능, 즉 강인공지능을 만들고자 연구는 계속하고 있으나 아직 인간의 지능에 대해서도 그 비밀을 알지 못하기 때문에 현재 인공지능 기술로는 불가능한 일입니다. 그리고 한 가지 문제에 특화된 인공지능 기술도 쉽게 만들어지는 것이 아닙니다. 많은 컴퓨팅 자원과 데이터, 그리고 관련 분야에 엄청난 연구가 필요합니다.

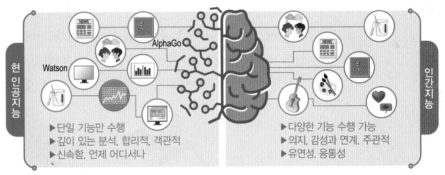

▲ 인공지능과 인간의 지능 비교

2. 인공지능의 역할

인공지능이 잘할 수 있는 일과 인간이 더 잘할 수 있는 일의 차이에 근거하여 인공지능이 어떤 역할을 할 수 있을지 생각하는 것이 중요합니다. 인간의 종합적인 판단을 돕기 위해 인공지능은 다양한 분석 기술로 판단의 근거가 되는 자료를 제공하고, 또 인간이 직접 계산하고 처리할 수 없는 방대한 데이터를 학습하고 처리하여 어떤 패턴을 찾아 주기도 합니다. 그리고 인간보다 정교한 사물 인식 기술로 인간의 감각을 보조하고 도와주는 역할을 할 수 있습니다.

▲ 인간을 도와주는 역할을 하는 인공지능

분야별로 살펴보면 일상생활에서 인공지능은 지능형 맞춤 서비스를 통해 사람들에게 편리함을 제공하고, 삶의 질을 높이는 역할을 할 수 있습니다. 또, 안전 관리와 예방 분야에서 센서 데이터 분석을 통한 실시간 안전 점검과 위험도 예측을 통해 인간의 안전을 지키고, 생명을 보호하는 역할을 할 수 있습니다. 또한, 의료 분야에서 인공지능 의료 분석 기술을 통해 병의 진단과 처방에 도움을 주어 인간의 건강을 유지시켜 주는 역할도 할 수 있습니다. 그리고 과학 실험이나 연구 등 다양한 학문 분야에서 인공지능 기술을 활용하여 자료를 해석하고, 성과를 내는 데 도움을 주어 학문 분야의 발전에 이바지하는 역할을 할 수도 있습니다.

이 밖에도 얼굴 및 사물 인식 인공지능 기술을 범죄 예방과 보안에 이용하여 인간의 생명과 재산을 지키는 역할을 할 수 있습니다. 또 직업 분야에서 창의력과 감성이 필요한 일은 인간이 담당하고, 복잡한 계산과 분석은 인공지능이 수행하는 등 인간과 협업하여 업무의 생산성과 효율성을 높여 주는 역할을 할 수 있습니다.

삶의 질 향상

학문 분야 발전에 기여

범죄 예방과 보안

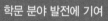

인간과의 협업

💡 **생각해 보기**

본문에 제시된 것 이외에도 현재 또는 미래 사회에 인공지능이 어떤 역할을 할 수 있을지 생각해 봅시다. 그리고 미래 사회에서 인간은 어떤 역할을 해야 하는지 함께 생각하고, 친구들과 이야기해 봅시다.

💬 토의하기 아기 돌보기, 사람과 인공지능 중 누가 더 잘할까?

  지금까지 살펴본 내용을 토대로 사람과 인공지능을 비교하며 사람이 더 잘할 수 있는 일과 인공지능이 더 잘할 수 있는 일에 대해 친구들과 함께 이야기해 봅시다. 과연 아기 돌보기는 사람과 인공지능 중 누가 더 잘할 수 있을지 자유롭게 토론하는 시간을 가져 봅시다. 단, 자신의 주장에 대해서는 반드시 이유가 있어야 하겠지요? 자기주장에 대한 근거도 함께 제시하여 봅시다.

① 내 주장은

입니다.

② 왜 그런지 근거를 토대로 자신의 상세 주장을 논리적으로 펼쳐 봅시다.

예
- ▶ **상세 주장:** 아기 돌보기는 인공지능보다 사람이 더 잘할 수 있을 것이라고 생각합니다.
- ▶ **근거:** 아기 돌보기는 아기의 다양한 상태를 종합적으로 파악하고 판단하여 적절하고 정교한 대응을 해야 하는데, 인공지능은 아직 다양한 상태를 종합적으로 판단하고 인간과 교감하며 정교하게 반응하는 것이 어렵습니다.

- ▶ **상세 주장 1:** 인공지능이 사람보다 더 잘할 수 있을 것이라고 생각합니다.
- ▶ **근거 1:** 아기의 울음소리를 학습하여 울음이 배고플 때인지, 기저귀를 갈아 달라는 것인지 등을 구분하는 소리 인식 기술, 아기의 표정을 보고 졸린 것인지, 심심한 것인지 등을 구분하는 이미지 인식 기술을 쓴다면 정확한 판단과 대응이 가능할 것이라고 생각합니다.

- ▶ **상세 주장 2:**
- ▶ **근거 2:**

- ▶ **상세 주장 3:**
- ▶ **근거 3:**

3 인공지능 소프트웨어의 특징

인공지능 소프트웨어의 특징은 무엇일까?

인공지능은 인간의 학습 능력과 추론 능력, 언어 이해 능력과 같은 지적 능력을 컴퓨터 기술로 흉내 내서 만든 것입니다. 그리고 인공지능을 구현한 컴퓨터 기술은 주로 소프트웨어가 담당합니다. 소프트웨어는 우리가 사용하는 스마트폰이나 컴퓨터 등과 같은 기기, 즉 하드웨어가 특정 문제를 해결할 수 있도록 지시하는 하나 또는 다수의 프로그램을 의미합니다. 과연 인공지능이 아닌 소프트웨어와 인공지능 소프트웨어는 어떤 유사점과 차이점이 있을까요? 인공지능이 아닌 소프트웨어와 인공지능 소프트웨어를 비교하며 인공지능 소프트웨어의 특징에 대해 살펴봅시다.

▲ 수많은 데이터를 통해 스스로 학습하는 인공지능

📝 이 단원에서는 무엇을 알아볼까?

인간의 지적 능력을 컴퓨팅 기술로 모방하여 구현한 인공지능은 어떤 특징을 갖고 있을까요? 인공지능의 일반적인 특징을 살펴보고, 인공지능이 아닌 소프트웨어와 인공지능 소프트웨어를 비교해 보면서 인공지능 소프트웨어의 특징을 자세히 알아봅시다.

⠿ 사용할 도구 알아보기

직접 인공지능이 아닌 소프트웨어와 인공지능 소프트웨어를 만들어 보면서 인공지능 소프트웨어의 특징을 알아보기 위해 엔트리 프로그램을 사용합니다. 앞서 엔트리 프로그램의 사용법에 대해 자세히 다루었으므로 여기서는 실습 활동에 필요한 기능 위주로 알아보도록 합니다.

인공지능이 아닌 소프트웨어는 인공지능이 적용되지 않은 소프트웨어를 의미하고, 인공지능 소프트웨어는 인공지능이 적용된 소프트웨어를 의미합니다.

사용 도구: 엔트리

① 입력: 사용자로부터 데이터를 입력받기 위해서는 엔트리의 블록 꾸러미 중 [블록]-[자료] 메뉴에서 '묻고 대답 기다리기' 블록을 사용합니다. 사용자의 입력은 '대답'에 저장됩니다.

을(를) 묻고 대답 기다리기 ?

② 출력: 컴퓨터로 처리한 결과, 즉 특정 문장과 변수의 값을 화면에 표시하기 위해서는 [블록]-[생김새] 메뉴에서 '말하기' 블록과 [블록]-[계산]에서 '합치기' 블록을 사용합니다. 이때, '합치기' 블록을 여러 번 사용하면 화면에 표시하고 싶은 내용과 변수의 값을 모두 출력할 수 있습니다.

③ 데이터 처리: 엔트리에서 표 형식의 데이터, 즉 테이블을 불러오거나 새로 입력하기 위해서는 [블록]-[데이터 분석] 메뉴에서 '테이블 불러오기' 버튼을 클릭합니다. 이어지는 화면에서 '테이블 추가하기' 버튼을 클릭하면 다음과 같이 엔트리에서 기본적으로 제공하는 데이터를 가져와 분석할 수 있고, 파일을 올리거나 '새로 만들기'를 클릭하여 직접 테이블에 데이터를 입력하여 만들 수도 있습니다.

인공지능에서 모델은 데이터로 부터 어떤 규칙이나 패턴을 찾 아낸 것을 의미합니다.

④ **인공지능 모델 선택**: 엔트리에서 인공지능 모델을 선택하고 학습하기 위해서 [블록]-[인공지능] 메뉴에서 '인공지능 모델 학습하기' 버튼을 클릭하면 나오는 여러 모델 중 하나를 선택하여 학습을 시작할 수 있습니다.

'인공지능 모델 학습하기'는 온라인에서만 제공되는 기능 이므로 반드시 웹 브라우저에 서 엔트리를 실행해야 합니다.

⑤ **학습**: 가령 '예측: 숫자' 모델을 선택한 후 '학습하기' 버튼을 클릭한 경우에는 아래 화면에서와 같이 모델의 이름을 정하고, 미리 준비한 테이블을 선택하여 '정답-예측' 속성에 영향을 미치는 핵심 속성을 마우스로 드래그하여 선택하고, 마찬가지로 '정답-예측' 속성도 마우스로 드래그하여 정하는 것으로 학습에 사용할 데이터를 입력할 수 있습니다. 이어서 '모델 학습하기' 버튼을 눌러 모델을 학습시키고 학습 결과를 확인하여 학습이 잘 진행되는지를 판단하고, 화면 하단의 '적용하기' 버튼을 누름으로써 프로그래밍에 이용할 모델 생성을 완료할 수 있습니다.

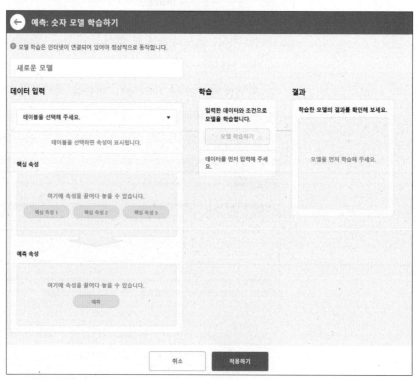

소프트웨어의 문제 해결 방식 비교하기

문제 상황

다음과 같은 수학 문제가 있습니다. 이때, 인공지능이 아닌 소프트웨어와 인공지능 소프트웨어는 각각 어떻게 문제를 해결할까요? 두 가지 방식으로 각각 문제를 해결해 보고, 두 방식의 차이점에 대해 비교해 봅시다.

[문제] 아래 표는 지면에서부터의 높이에 따른 기온의 변화를 나타낸 것이다. 현재의 기온이 25℃일 때, 높이가 1,000m인 곳의 기온(℃)을 구하시오.

지면에서부터의 높이(m)	0	100	200	300	400	…
기온(℃)	25	24.4	23.8	23.2	22.6	…

1. 인공지능이 아닌 소프트웨어의 문제 해결 방식

인공지능이 아닌 소프트웨어의 문제 해결 방식

 문제 이해와 분석하기

↓

 추상화하기

↓

알고리즘 설계하기

↓

 프로그래밍하기

↓

프로그램 실행하기

① 문제 이해와 분석하기

▶ 현재(초기) 상태: 5개의 높이에 따른 기온의 변화 수치가 주어지고, 높이 1,000m인 곳의 기온은 아직 모르는 상태

▶ 목표 상태: 높이 1,000m인 곳의 기온을 구한 상태

② 추상화하기

높이 1,000m인 곳의 기온을 구하려면, 먼저 주어진 높이에 따른 기온의 변화 수치를 이용하여 높이와 기온의 관계식(일차 함수식)을 구하고, 구한 수식에 높이 1,000을 대입하여 기온을 구합니다.

문제 분해하기	
높이와 기온의 관계식 구하기	높이 1,000m인 곳의 기온 구하기

핵심 요소 추출하기		
작은 문제	핵심 요소	핵심 요소 설명
높이와 기온의 관계식 구하기	5개의 높이에 따른 기온	5개의 높이에 따른 기온을 순서쌍으로 표시 $(0, 25), (100, 24.4), (200, 23.8), (300, 23.2), (400, 22.6)$
	일차 함수의 일반형	높이가 100m 증가함에 따라 기온이 0.6℃만큼 일정하게 감소하므로 일차 함수의 일반형 이용
높이 1,000m인 곳의 기온 구하기	높이 1,000m일 때 기온	높이와 기온의 관계식(일차 함수식)을 구한 후 높이에 1,000을 대입했을 때 나오는 기온을 구함.

③ 알고리즘 설계하기

일차 함수의 일반형 $y=ax+b$와 5개의 높이에 따른 기온의 순서쌍 중 2개를 이용하면 a, b를 구할 수 있습니다. 먼저 두 점을 입력받아 a와 b에 관한 방정식을 풀어 a와 b 값을 각각 계산한 뒤 높이와 기온의 관계식을 구합니다. 그리고 x에 1,000을 대입하여 높이 1,000m일 때의 기온을 구합니다.

알고리즘
❶ 주어진 표에서 임의로 높이와 기온의 순서쌍 (x_1, y_1), (x_2, y_2)를 입력받습니다.
❷ 두 점이 주어졌을 때 일반항을 구하는 공식을 이용하여 높이(x)와 기온(y)의 관계식(일차 함수식)을 구합니다.
❸ 높이(x)에 1,000을 대입하여 높이 1,000m일 때 기온(y)을 구하여 출력합니다.

④ 프로그래밍하기

❶ 주어진 표에서 임의로 높이와 기온의 순서쌍 (x_1, y_1), (x_2, y_2)를 입력받습니다.

순서쌍을 저장할 변수 $x1$, $y1$, $x2$, $y2$를 각각 만듭니다.

❷ 두 점이 주어졌을 때 일반항을 구하는 공식을 이용하여 높이(x)와 기온(y)의 관계식(일차 함수식)을 구합니다.

다음과 같은 두 점을 지나는 직선의 방정식 공식을 이용하여 높이와 기온의 일차 함수식을 구합니다.

$$y - y_1 = \frac{y_2 - y_1}{x_2 - x_1}(x - x_1)$$

❸ 높이(x)에 1,000을 대입하여 높이 1,000m일 때 기온(y)을 구하여 출력합니다. 이 때, 앞에서 구한 함수식을 이용하여 특정 높이에 대한 기온을 구합니다.

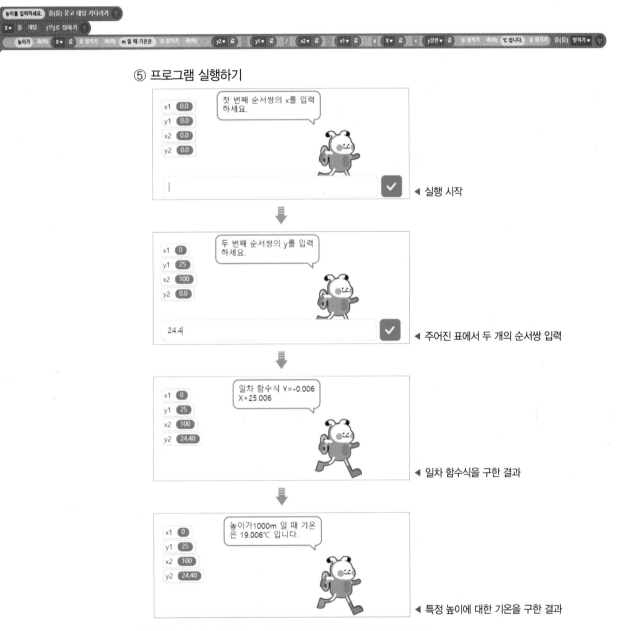

⑤ 프로그램 실행하기

첫 번째 순서쌍의 x를 입력하세요.
x1 0.0
y1 0.0
x2 0.0
y2 0.0

◀ 실행 시작

두 번째 순서쌍의 y를 입력하세요.
x1 0
y1 25
x2 100
y2 0.0
24.4

◀ 주어진 표에서 두 개의 순서쌍 입력

일차 함수식 Y=-0.006 X+25.006
x1 0
y1 25
x2 100
y2 24.40

◀ 일차 함수식을 구한 결과

높이가 1000m 일 때 기온은 19.006℃ 입니다.
x1 0
y1 25
x2 100
y2 24.40

◀ 특정 높이에 대한 기온을 구한 결과

⑥ 인공지능이 아닌 소프트웨어의 문제 해결 방식 분석하기

인공지능이 아닌 소프트웨어는 주어진 데이터 입력에 대해 원하는 출력 결과가 나오도록 소프트웨어 개발자가 직접 문제 해결 방법(알고리즘)이나 규칙을 만들어서 프로그래밍함으로써 주어진 문제를 해결합니다. 여기서는 문제에서 주어진 5개의 순서쌍 중 2개를 가지고 직선의 방정식을 구하는 공식(규칙)을 적용하여 일차 함수식을 구하고, 특정 높이에 대한 기온을 구하여 해답을 찾았습니다.

2. 인공지능 소프트웨어의 문제 해결 방식

① 문제 이해와 분석하기

▶ 현재(초기) 상태: 5개의 높이에 따른 기온의 변화 수치가 주어지고, 높이 1,000m인 곳의 기온은 아직 모르는 상태

▶ 목표 상태: 높이 1,000m인 곳의 기온을 예측한 상태

② 데이터 수집 및 분석하기

높이(m)	0	100	200	300	400
기온(℃)	25	24.4	23.8	23.2	22.6

엔트리 프로그래밍 환경에서 [블록]-[데이터 분석]-'테이블 불러오기'를 선택합니다. 이어서 '테이블 추가하기'를 누르고, '새로 만들기' 버튼을 클릭한 후 '추가' 버튼을 누릅니다. 그리고 위에서 주어진 높이에 따른 기온 데이터를 입력하고 저장합니다. 이때, 왼쪽에 있는 테이블처럼 높이와 온도를 입력합니다.

③ 인공지능 모델 생성하기

[블록]-[인공지능] 메뉴에서 [인공지능 모델 학습하기] 버튼을 누른 후 '예측: 숫자' 모델을 선택하고, '학습하기' 버튼을 클릭합니다. 모델의 이름은 '높이에 따른 온도 예측 모델'로 정하고, 데이터 입력 부분에 테이블은 앞에서 만든 '테이블'을 선택하고, 핵심 속성은 '높이', 예측 속성은 '온도'로 각각 드래그하여 설정합니다.

'모델 학습하기' 버튼을 클릭하여 모델 학습을 시작합니다. 학습이 끝나면 '적용하기' 버튼을 클릭하여 학습을 종료하고 모델을 생성합니다.

지도학습

예측: 숫자

테이블의 숫자 데이터를 핵심 속성으로 삼아 예측 속성을 찾아내는 선형 회귀 모델을 학습합니다.

＊모델은 어떤 대상이나 개념의 핵심적인 특징을 뽑아서 이해하기 쉽게 표현한 것을 말합니다. 그러나 인공지능에서는 데이터로부터 어떤 규칙이나 패턴을 찾아낸 것을 의미합니다.

＊학습한 모델의 결과 화면을 보면서 그래프가 주어진 다섯 개의 점을 지나가는지 확인해 봅시다.

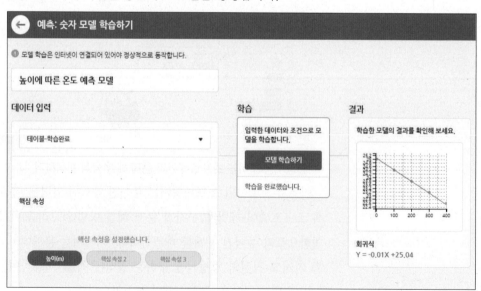

④ 인공지능 모델 이용 프로그래밍하기

❶ 특정 높이에 대한 기온을 구하기 위해 높이를 입력받습니다.

❷ 인공지능 블록에서 앞에서 학습시킨 예측 모델을 이용하여 입력한 높이에 대한 기온의 예측값을 구하여 출력합니다.

⑤ 프로그램 실행하기

| ▲ 실행 시작 | ▲ 특정 높이에 대한 기온 예측하기 결과 |

인공지능 소프트웨어의 문제 해결 방식

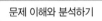
문제 이해와 분석하기

데이터 수집 및 분석하기

인공지능 모델 생성하기

인공지능 모델 이용 프로그래밍하기

프로그램 실행하기

⑥ 인공지능 소프트웨어의 문제 해결 방식 분석하기

인공지능 소프트웨어는 데이터(핵심 속성들과 정답-예측 속성 포함)가 주어지면 인공지능 모델이 학습을 통해 규칙을 스스로 만들어 내고, 이 모델을 이용하여 프로그래밍함으로써 주어진 문제를 해결합니다.

이때, 문제에서 주어진 5개의 높이와 기온 데이터를 입력하여 높이(핵심 속성)에 대한 기온(정답-예측 속성)의 관계에 대해 모델을 학습시키고, 학습된 모델을 이용하여 특정 높이에 대한 기온을 예측하도록 하였습니다.

3. 인공지능이 아닌 소프트웨어와 인공지능 소프트웨어의 문제 해결 방식 비교

인공지능이 아닌 소프트웨어와 인공지능 소프트웨어는 모두 특정한 문제를 해결하는 일을 하지만 문제를 해결하는 방식에는 차이가 있습니다. 즉, 인공지능이 아닌 소프트웨어는 입력에 대해 원하는 해답이 나오도록 개발자가 규칙(알고리즘)을 설계하여 문제를 해결하지만, 인공지능 소프트웨어는 정답을 포함한 데이터가 주어지면 모델이 학습을 통해 규칙을 스스로 만들고, 학습된 모델을 이용하여 문제를 해결합니다.

생각해 보기

인공지능이 아닌 소프트웨어와 인공지능 소프트웨어가 각각 구한 해답에 차이가 있는 이유는 무엇일까요? 그 이유에 대해 생각해 보고 함께 이야기해 봅시다.

또 만약 좀 더 복잡한 상황, 가령 높이가 올라갈수록 온도가 일정하게 낮아지는 것이 아니라 조금씩 차이를 두고 불규칙하게 낮아진다면 어떤 방법이 이 문제를 풀기에 더 좋을까요?

✅ 만약, 학습이 잘 되지 않았다면?

학습한 모델의 결과 화면을 보아도 주어진 5개의 점과 상관없이 그래프가 그려지는 등 학습이 잘 안 되면 어떻게 해야 할까요? 그때는 다음과 같이 모델 학습에서 '학습을 완료했습니다.' 부분을 클릭해 봅니다. 그러면 밑으로 학습 조건을 설정할 수 있는 화면이 나옵니다. 데이터가 5개밖에 안 되므로 세대 30, 배치 크기 1, 학습률 0.03, 검증 데이터 비율 0.1 정도로 하면 학습이 잘 이루어질 수 있을 것입니다. 참고로 loss와 val_loss 그래프의 모양이 비슷하다면 학습이 잘된 것입니다. 학습과 관련한 자세한 내용은 추후 다른 단원에서 공부하도록 합니다.

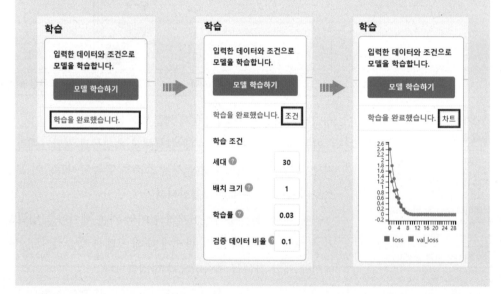

🔍 깊이 이해하기　　인공지능 소프트웨어의 특징은 무엇일까?

인공지능은 인간의 지적 능력을 컴퓨팅 기술로 흉내 내서 구현하였기 때문에 인간의 지능과 유사한 특징을 갖고 있습니다. 즉, 인공지능은 사람의 지식을 표현하고, 지속적인 학습을 통해 성능을 향상시키며, 사람의 문제 해결 방법을 모방하여 다양한 문제를 해결하는 등 여러 가지 특징을 갖습니다. 인공지능의 일반적인 특징을 자세히 살펴보고, 인공지능을 구현한 컴퓨터 기술 중 인공지능 소프트웨어의 특징에 대해 알아보겠습니다.

| 학습에 도움이 되는 추천
영상 QR 코드

생활 속 인공지능을
찾아라!

1. 인공지능의 특징

인공지능은 인간이 경험을 바탕으로 지식을 만들고 표현하며 이를 이용하여 판단하고 예측하며 행동하는 것과 같이 데이터로부터 지식을 만들고 표현하며, 만들어진 지식을 토대로 새로운 상황을 예측합니다.

또, 인공지능은 인간이 경험을 통해 학습하고 발전하는 것처럼 데이터를 이용하여 학습하며, 지속적인 학습을 통해 성능을 향상시킵니다. 그리고 인공지능은 인간이 감각 기관으로 환경을 인식하고, 다양한 정보를 처리하여 문제를 해결하는 것과 같이 여러 가지 센서를 이용하여 주변 상황이나 정보를 인식하고 판단하며 주어진 문제를 해결합니다.

▲ 인공지능의 사물 인식

또한 인공지능은 인간이 자율성을 가지고 행동하는 것처럼 상황을 분석하고 판단하여 인간의 개입 없이 스스로 결정을 내리기도 합니다.

2. 인공지능 소프트웨어의 특징

인공지능을 구현한 컴퓨팅 기술인 인공지능 소프트웨어는 인공지능이 가진 특징이 보다 명확히 나타납니다. 인공지능이 아닌 소프트웨어와의 비교를 통해 인공지능 소프트웨어의 특징에 대해 알아보겠습니다.

먼저, 인공지능이 아닌 소프트웨어는 입력된 데이터에 대해 원하는 해답을 출력하도록 개발자가 직접 규칙, 즉 알고리즘을 설계합니다. 반면, 인공지능 소프트웨어는 데이터와 데이터에서 기대되는 해답을 입력하면 규칙(모델)을 생성합니다. 이 규칙을 새로운 데이터에 적용하면 문제를 해결할 수 있습니다. 예를 들어, 개와 고양이를 구별하는 인공지능 소프트웨어는 개와 고양이라고 해답을 붙인 많은 사진 데이터로 학습을 시키면 개와 고양이를 구별하는 규칙(모델)을 만들어 냅니다. 그리고 이 규칙(모델)을 이용하면 새로운 개와 고양이 사진에 대해 구별할 수 있게 됩니다.

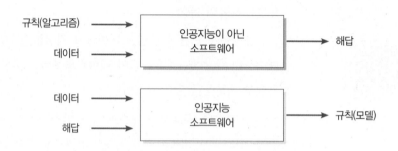

또, 인공지능이 아닌 소프트웨어는 디버깅*이라는 방법을 통해 개발자가 오류를 찾아내어 직접 수정하거나 테스트를 통해 문제점을 발견하고 패치* 작업을 통해 성능을 개선합니다. 반면, 인공지능 소프트웨어는 많은 데이터를 통해 학습을 하며 규칙을 수정하고 성능을 향상시킵니다.

그리고 인공지능이 아닌 소프트웨어는 특정 문제에 대해 빠르고 정확하게 처리하는 데에 초점을 맞춰 개발하므로 설계된 작업만 반복하여 수행합니다. 만약, 다른 작업을 하게 하려면 개발자가 대대적으로 수정하기 위해 많은 시간과 비용이 소요됩니다. 반면, 인공지능 소프트웨어는 사람이 어떤 문제를 통해 배운 지식을 다른 유사한 문제에 응용하여 관련 문제를 해결하는 것처럼 하나의 문제를 해결하기 위해 학습된 모델을 활용하여 또 다른 문제를 해결하는 데 도움을 줄 수 있어서 상대적으로 시간과 비용을 줄일 수 있습니다. 예를 들어, 비가 올 확률을 예측하는 인공지능 소프트웨어에게 눈이 올 확률을 예측하게 하고, 바둑을 두는 인공지능 소프트웨어에게 컴퓨터 게임을 하도록 하는 것입니다.

용어 설명

★ **디버깅**

소프트웨어 개발 과정 중에 발생하는 시스템의 논리적인 오류나 비정상적 연산을 찾아내 그 원인을 밝히고 수정하는 작업을 뜻합니다.

★ **패치**

일반적으로 이미 발표된 소프트웨어 제품 기능 개선 또는 오류를 수정하기 위해 개발자(개발 회사)가 내놓는 업데이트 프로그램을 지칭합니다.

▲ 인공지능 소프트웨어 알파고는 바둑에 이어서 컴퓨터 게임 대결에도 활용됨

❶ 순서쌍과 좌표

1. 두 수를 괄호 안에 짝지어 나타낸 것을 **순서쌍**이라고 한다.
   순서쌍은 두 수의 순서를 정하여 나타낸 것이므로 $(4, 5)$와 $(5, 4)$는 서로 다르다.

2. 가로의 수직선을 x축, 세로의 수직선을 y축이라 하고, x축과 y축을 통틀어 **좌표축**이라고 한다.

3. 두 좌표축이 그려진 평면을 **좌표평면**이라 하고, 두 좌표축이 만나는 점 O를 좌표평면의 **원점**이라고 한다.

4. 좌표평면 위의 한 점 P에서 x축, y축에 각각 내린 수선과 x축, y축이 만나는 점이 나타내는 수가 각각 a, b일 때, 순서쌍 (a, b)를 점 P의 **좌표**라고 한다.
   좌표평면 위의 점 P의 좌표가 (a, b)일 때, 이것을 기호로
   $$P(a, b)$$
   와 같이 나타낸다.
   이때 a를 점 P의 x**좌표**, b를 점 P의 y**좌표**라고 한다.

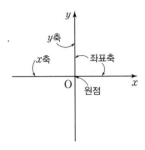

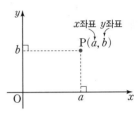

❷ 함수

1. 여러 가지로 변하는 값을 나타내는 문자를 **변수**라 할 때, 두 변수 x, y에 대하여 x의 값이 정해짐에 따라 y의 값이 오직 하나씩 정해지는 관계가 있을 때, y를 x의 **함수**라고 한다.

2. y가 x의 함수일 때, 이것을 기호로
   $$y = f(x)$$
   와 같이 나타낸다. 함수 $y = f(x)$에서 x의 값에 따라 하나씩 정해지는 y의 값 $f(x)$를 x에 대한 **함숫값**이라고 한다.
   y가 x의 함수이고 $y = 3x$인 관계가 있을 때, 이 함수를 $f(x) = 3x$와 같이 나타낼 수 있다.
   또 x의 값이 1, 2, 3일 때 x에 대한 함숫값 $f(x)$를 구하면 다음과 같다.
   $x = 1$일 때, $f(1) = 3 \times 1 = 3$
   $x = 2$일 때, $f(2) = 3 \times 2 = 6$
   $x = 3$일 때, $f(3) = 3 \times 3 = 9$

변수와 달리 일정한 값을 갖는 수나 문자를 상수라고 한다.

> **확인 문제 1**
>
> 다음 함수 $y = f(x)$에서 x의 값이 1, 3, 5일 때, x에 대한 함숫값 $f(x)$를 각각 구하시오.
>
> (1) $y = x - 1$ (2) $y = \dfrac{6}{x}$
>
> 답 (1) 0, 2, 4 (2) 6, 2, $\dfrac{6}{5}$

❸ 일차함수와 그 그래프

1. 함수 $y=f(x)$에서

   $y=ax+b$ $(a, b$는 상수, $a \neq 0)$

   와 같이 y가 x에 대한 일차식으로 나타내어질 때, 이 함수 $y=f(x)$를 x에 대한 **일차함수**라고 한다.

2. 함수 $y=2x$에 대하여 x의 값과 y의 값을 순서쌍 (x, y)로 나타내면 $(1, 2)$, $(2, 4)$, $(3, 6)$, $(4, 8)$, $(5, 10)$이고, 이를 좌표로 하는 점을 좌표평면 위에 나타내면 오른쪽 그림과 같다.

   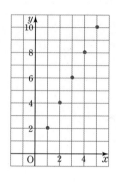

   이와 같이 함수 $y=f(x)$에서 x와 그 함숫값 $f(x)$로 이루어진 순서쌍 $(x, f(x))$를 좌표로 하는 점 전체를 그 함수의 **그래프**라고 한다.

3. 일차함수 $y=ax$(a는 상수, $a \neq 0$)의 그래프는 원점을 지나는 직선이다.

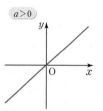
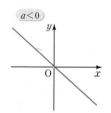
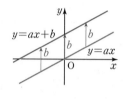

> 한 도형을 일정한 방향으로 일정한 거리만큼 이동하는 것을 평행이동이라고 한다.

또 일차함수 $y=ax+b(b \neq 0)$의 그래프는 일차함수 $y=ax$의 그래프를 y축의 방향으로 b만큼 평행이동한 직선이다.

4. 함수의 그래프가 x축과 만나는 점의 x좌표를 그 그래프의 x**절편**, y축과 만나는 점의 y좌표를 그 그래프의 y**절편**이라고 한다. 이를테면 일차함수 $y=-2x+4$의 그래프의 x절편은 2이고, y절편은 4이다.

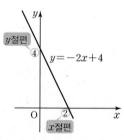

5. 일차함수 $y=ax+b(a, b$는 상수, $a \neq 0)$에서 x의 값의 증가량에 대한 y의 값의 증가량의 비율은 항상 일정하며, 그 값은 x의 계수 a와 같다. 이 증가량의 비율 a를 일차함수 $y=ax+b$의 그래프의 **기울기**라고 한다.

확인 문제 2

일차함수 $y=3x-6$의 그래프의 x절편과 y절편을 구하시오.

| 수학으로 풀어 보기 |

$y=3x-6$에서

$y=0$일 때, $0=3x-6$, $x=2$

$x=0$일 때, $y=3 \times 0-6$, $y=-6$

따라서 x절편은 2이고, y절편은 -6이다.

답 x절편: 2, y절편: -6

❹ 일차함수 구하기

1. 기울기와 그래프가 지나는 한 점을 알 때 일차함수 구하기

좌표평면 위의 점 $A(x_1, y_1)$을 지나고 기울기가 a인 직선의 방정식을

$$y=ax+b \quad \cdots\cdots ①$$

이라 하면, 이 직선이 점 $A(x_1, y_1)$을 지나므로

$y_1=ax_1+b$, 즉 $b=y_1-ax_1$

이다. 이 식을 ①에 대입하여 정리하면 다음과 같다.

$$y-y_1=a(x-x_1)$$

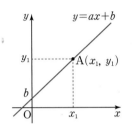

확인 문제 3

기울기가 $-\dfrac{2}{3}$이고 점 $(1, 2)$를 지나는 직선을 그래프로 하는 일차함수의 식을 구하시오.

| 수학으로 풀어 보기 |

기울기가 $-\dfrac{2}{3}$이므로 구하는 직선의 방정식을 $y=-\dfrac{2}{3}x+b$라고 하자.

이 직선이 점 $(1, 2)$를 지나므로

$2=-\dfrac{2}{3}\times 1+b$, $\ b=\dfrac{8}{3}$

따라서 구하는 직선의 방정식은 $y=-\dfrac{2}{3}x+\dfrac{8}{3}$이다.

답 $y=-\dfrac{2}{3}x+\dfrac{8}{3}$

다른 풀이

$y-2=-\dfrac{2}{3}(x-1)$에서

$y=-\dfrac{2}{3}x+\dfrac{8}{3}$

---

2. 그래프가 지나는 두 점을 알 때 일차함수 구하기

서로 다른 두 점 $A(x_1, y_1)$, $B(x_2, y_2)$를 지나는 직선의 방정식은

$x_1 \neq x_2$일 때, 구하는 직선의 기울기를 a라 하면

$$a=\dfrac{y_2-y_1}{x_2-x_1}$$

이므로 직선의 방정식은 $y-y_1=\dfrac{y_2-y_1}{x_2-x_1}(x-x_1)$이다.

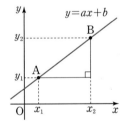

확인 문제 4

두 점 $(-1, 3)$, $(2, -3)$을 지나는 직선을 그래프로 하는 일차함수의 식을 구하시오.

| 수학으로 풀어 보기 |

구하는 직선의 방정식을 $y=ax+b$라고 하면 기울기 a는

$a=\dfrac{(y의\ 값의\ 증가량)}{(x의\ 값의\ 증가량)}=\dfrac{-3-3}{2-(-1)}=-2$

이므로 직선의 방정식은 $y=-2x+b$이다.

이 직선이 점 $(2, -3)$을 지나므로

$-3=-2\times 2+b$, $\ b=1$

따라서 구하는 직선의 방정식은 $y=-2x+1$이다.

답 $y=-2x+1$

다른 풀이

$y-3=\dfrac{-3-3}{2-(-1)}(x-(-1))$

에서 $y=-2x+1$

Part II

데이터 분석

4 빅 데이터

달걀 가격은 얼마나 올랐을까?

연말이면 "물가가 또 오른다."라는 뉴스를 접하곤 합니다. 교통 요금은 물론, 수도와 전기 등 공공 요금도 오른다는 소식이 들려오기도 합니다. 사람들은 실제 오르는 것보다 체감하는 물가 상승률이 더 크다고도 하고, 잘 모르겠다고도 이야기합니다. 왜냐하면, 사람들은 자신이 산 품목 중심으로 물가 변화를 느끼기 때문입니다. 예를 들어 쌀의 가격이 많이 올랐다면 쌀을 주식으로 하는 사람들은 물가가 많이 올랐다고 생각할 수 있고, 빵을 주식으로 하는 사람들은 물가 상승을 잘 모르겠다고 생각할 수 있기 때문입니다.

우리나라는 하나의 경제 지표로서 사람들이 자주 사는 상품과 서비스 등 460개 품목의 가격 평균을 바탕으로 '소비자물가지수(CPI)'의 변화를 산출하여 발표합니다. 이처럼 특정인의 체감에 의존하지 않고, 소비자물가지수를 통해 물가가 얼마나 변했는지를 파악하고, 연도별로 비교·분석할 수 있습니다.

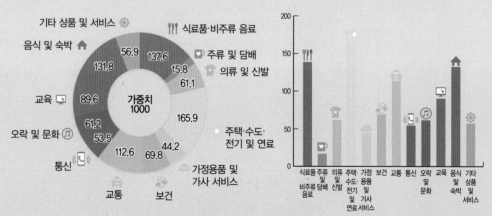

▲ 2017년 기준 지출 목적별 분류 가중치
출처: 통계청. http://kostat.go.kr/incomeNcpi/cpi/cpi×cp/1/4/index.static

📝 **이 단원에서는 무엇을 알아볼까?**

소비자물가지수를 토대로 살펴볼 때 물건의 가격은 과거보다 얼마나 변했을지, 데이터 분석을 통해서 알아봅시다.

⠿ 사용할 도구 알아보기

데이터 분석을 위한 다양한 도구들이 있지만 여기서는 코답(CODAP)을 이용합니다. 코답은 다양한 데이터셋을 제공하고 있으며 데이터 테이블을 직관적으로 생성하거나 데이터 파일을 업로드하는 기능을 제공하여 데이터를 쉽게 분석할 수 있도록 돕습니다.

데이터셋은 컴퓨터에서 사용할 수 있는 자료들의 집합으로 한 개 이상의 데이터 테이블로 이루어져 있습니다.

1. 데이터 분석을 위한 코답(CODAP) 플랫폼 접속하기

웹 브라우저의 주소 창에 다음 주소(URL)를 입력하여 접속합니다.

코답은 크롬 브라우저에서 접속해야 오류 없이 실행할 수 있습니다.

https://codap.concord.org/

2. 데이터셋 불러오기

① 오른쪽 상단의 Launch CODAP 을 선택한 후

CREATE NEW DOCUMENT 버튼을 클릭합니다.

마우스로 PC에 저장된 데이터셋을 코답 화면으로 끌어다 놓기 하여 데이터셋을 불러올 수 있습니다. 데이터 테이블이 생성되면 데이터 속성과 값을 확인합니다.

용어 설명

★ **데이터 속성**
데이터가 어떤 정보인지를 나타내는 특성을 말합니다.

★ **값**
속성에 해당하는 숫자, 텍스트 등의 값을 말합니다.

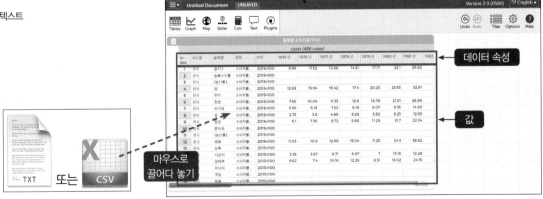

② 또 다른 방법은 메인 페이지에서 샘플 코답 데이터셋을 불러옵니다.

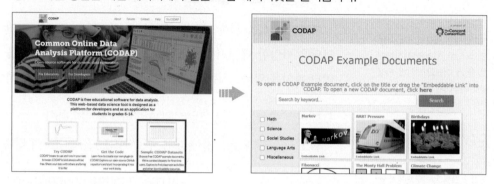

3. 데이터 시각화하기

① 메뉴 중에서 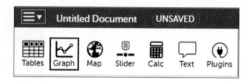 버튼을 클릭합니다.

② 그래프 창이 생기면 마우스로 x축과 y축에
해당하는 속성(열 이름)을 그래프 창의 x축과
y축으로 끌어다 놓습니다.

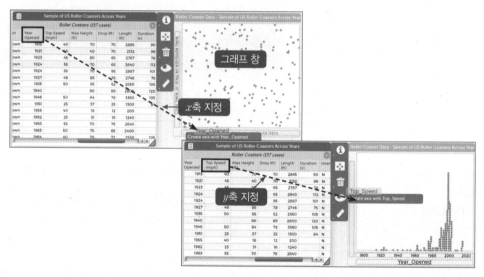

4. 결과 확인하고 해석하기

결과 그래프를 보고 데이터 간의 관계를 파악하여 새
로운 정보를 찾아 해석합니다.

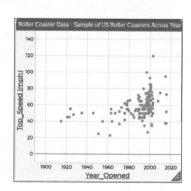

📝 활동하기   달걀의 가격 변화 알아보기

소비자물가지수 데이터셋을 불러와 연도별 달걀의 가격이 어떻게 변했는지 살펴봅시다.

1. 데이터셋 불러오기

① 국가통계포털(https://kosis.kr) 사이트의
검색창에 '품목별 소비자물가지수'를 입력하여
데이터셋을 검색합니다.

② '소비자물가조사: 품목별 소비자물가
지수(품목성질별: 2015=100)'를 선
택합니다.

③ 달걀에 대한 소비자물가지수의 변화를 살펴볼 것이므로 달걀 데이터만 다운로드 받을 수 있도
록 다음과 같이 설정합니다.

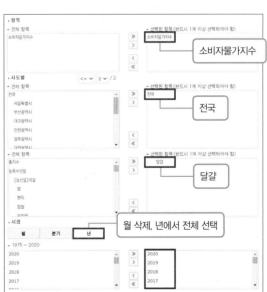

일괄 설정 창에서 필요한 항목을 선택하고 ▷ 버튼을 눌러
선택된 항목으로 이동시킨 후 우측 상단의 █적용█ 버튼을 선
택합니다.

④ 화면에 보이는 데이터를 확인해 보면, 연도가 열별로 제시되어 있습니다. 연도를 하나의 속성으로, 달걀을 또 다른 속성으로 두기 위하여 행렬 전환을 합니다.

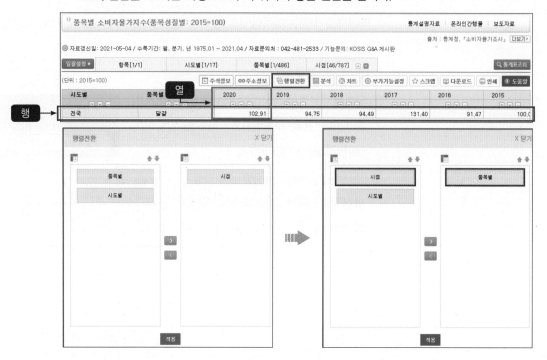

⑤ 데이터의 행과 열이 바뀌었는지 확인하고 [다운로드] 버튼을 누릅니다.

⑥ 코답에서 실행할 수 있도록 데이터 파일 형태를 'csv'로 선택하고, [다운로드] 버튼을 한 번 더 누릅니다.

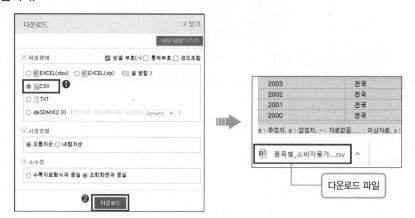

다운로드 파일

⑦ 한글이 깨져 보이는 문제를 해결합니다.

　다운로드 받은 파일은 한글이 포함되어 있습니다. 그런데 코답 사이트로 불러오면 한글이 전부 깨져 보입니다.

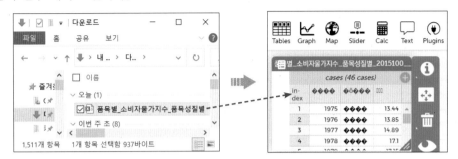

　이를 해결하기 위해서는 다운로드 받은 파일을 다시 저장할 필요가 있습니다. 엑셀에서 파일을 연 후, [파일] 메뉴에서 [다른 이름으로 저장하기]를 누른 후, 파일 형식을 'CSV UTF-8(쉼표로 분리)(*.csv)'로 선택하여 저장합니다.

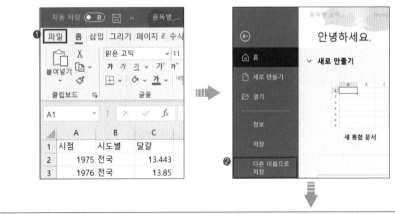

⑧ 새로 저장한 데이터셋을 코답으로 불러와 한글이 제대로 보이는지 확인합니다.

2015년에는 소비자물가지수
가 모두 100입니다. 이는 소
비자물가지수 기준 연도가
2015년이기 때문입니다.
2015년의 가격을 100이라 보
고 변동률을 파악합니다.

2. 데이터셋 다루기

① [Graph] 버튼을 눌러 그래프 창을 생성합
니다.

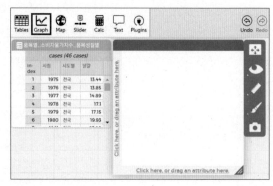

② 속성 선택하기: x축(가로축)과 y축(세로축)에 배치할 속성을 마우스로 끌어다 놓기
합니다.

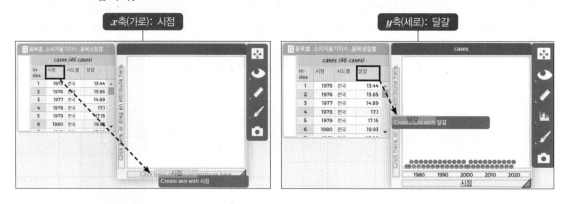

③ 그래프 해석하기: 그래프를 확인하여 달걀 물가지수의 변화를 해석합니다.

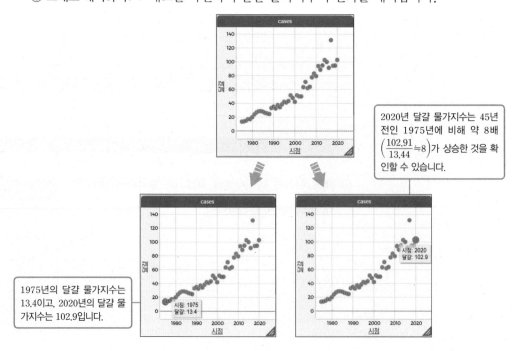

2020년 달걀 물가지수는 45년
전인 1975년에 비해 약 8배
$\left(\frac{102.91}{13.44}≒8\right)$가 상승한 것을 확
인할 수 있습니다.

1975년의 달걀 물가지수는
13.4이고, 2020년의 달걀 물
가지수는 102.9입니다.

[더 알아보기]의 검색은 구글 (Google)에서 검색한 예시 입니다. 다른 포털 사이트에서 검색할 경우 방식이 달라질 수 있습니다.

🔍 더 알아보기   2017년 달걀 가격은 왜 폭등한 것일까요?

그래프를 살펴보면 2017년의 달걀 물가지수는 유난히도 높았던 것으로 보입니다. 왜 그랬을까요? 검색 기간의 뉴스 검색을 통해 확인해 봅시다.

① 검색 엔진에서 검색어로 '달걀'을 입력합니다.

② 뉴스 카테고리를 선택합니다.

③ 도구(또는 상세 검색)를 클릭하여 검색 기간을 설정한 후 [실행]을 클릭합니다.

④ 검색 결과를 살펴봅니다. 2017년에는 조류 독감(AI)에 살충제까지 검출되면서 달걀 대란이 있었던 것을 확인할 수 있습니다.

> 🌐 한겨레
> #### AI에 이어 살충제까지…다른 지역서 추가 검출 땐 '달걀 대란'
> 살충제 성분이 다른 농가에서 추가로 발견될 경우 조류인플루엔자(AI) 사태 이후 회복하지 못한 국내 달걀 수급에 치명타가 될 수 있다. □ 살충제 달걀 어디까지 경기도 …
> 2017. 8. 15.
>

💬 확인해 보기

"졸업식에는 자장면을 먹는다."라는 문화가 만들어질 만큼 자장면은 우리에게 인기가 많은 음식입니다. 치킨과 더불어 배달 음식의 양대 산맥이기도 합니다. 2019년의 자장면 가격은 1975년에 비해 몇 배나 상승했을까요?

▶ 🔑 답 약 34배

빅 데이터란?

마트에서 아이스크림을 사면 나의 구매 목록에 저장됩니다. 내가 산 아이스크림의 정보는 쓸모없어 보이지만, 나의 아이스크림 구매 정보들이 누적되면 내가 언제 아이스크림을 주로 사는지, 어떤 아이스크림을 선호하는지 등을 분석할 수 있습니다.

더 나아가 많은 사람의 아이스크림 구매 정보가 누적되면 많은 사람이 좋아하는 아이스크림의 종류나 아이스크림 판매량이 증가하는 시점 등을 분석할 수 있고, 아이스크림 제조 회사들은 이 정보를 바탕으로 인기가 많은 아이스크림의 생산량을 시기에 맞춰 늘릴 수 있습니다.

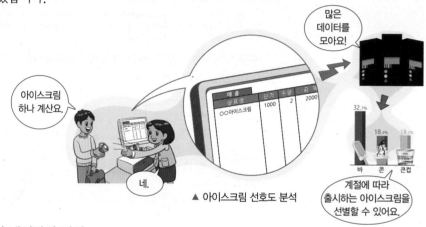

▲ 아이스크림 선호도 분석

1. 빅 데이터의 정의

하나의 정보

누적

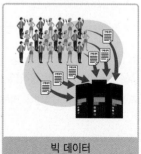

빅 데이터

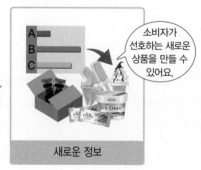

정보 생산

새로운 정보

전 세계에서 생산되는 데이터들을 살펴보면 200만 건의 구글 검색어가 1분마다, 4만 1천여 개의 페이스북 글이 매초마다, 27만 8천 개의 트윗이 1분마다 생산된다고 합니다. 시간이 지남에 따라 갈수록 늘어나니 지금은 훨씬 더 많은 양의 데이터가 생산되고 있을 것입니다. KT경제경영연구소 등에 따르면 인류가 기록을 남기기 시작한 이래로 2000년대 초반까지 생산된 정보의 양이 2010년대에서 생산하는 1주일치 양밖에 되지 않았다고 합니다.

이처럼 하나하나의 정보가 모여서 아주 많은 양의 정보가 되면 더 이상 하나의 장치에 저장할 수 없게 되는데, 여러 장치에 나누어 저장해야 할 만큼 방대한 양(수십 테라바이트)의 데이터를 빅 데이터라고 합니다. 오늘날 인터넷과 컴퓨팅 시스템의 발달이 수십억 개의 기기를 연결하는 환경으로 바꾸면서 이전에는 버려지던 데이터들을 모아 분석하여 새로운 정보를 생산할 수 있게 되었습니다.

2. 빅 데이터의 역할

구글은 2008년 독감과 관련 있는 검색어 빈도를 분석하여 독감 유행 시기를 예측하는 '독감 트렌드(Google Flu Trends)'를 서비스하기 시작했습니다. 이 서비스는 미국의 질병관리본부보다도 독감 유행 시기를 1~2주 빠르게 예측하면서 이슈가 되기도 했습니다. 독감 트렌드는 새로운 정보를 수집하여 만든 서비스가 아니라 사람들이 독감에 걸리면 관련 정보를 검색한다는 것에 착안하여 만든 것입니다.

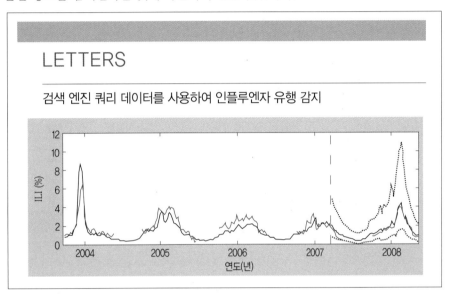

▲ 독감 트렌드 예시 그래프

이처럼 빅 데이터는 기존에 사용하고 버려지던 데이터마저도 수집했다가 이 데이터들의 관계를 분석하여 빅 데이터들로부터 알 수 있는 새로운 정보를 생산하는 역할을 합니다.

그러나 빅 데이터를 이용하여 새로운 정보를 생산했다고 해서 모두 옳은 것은 아닙니다. 구글의 독감 트렌드는 2013년 실제 독감에 걸린 사람보다 훨씬 높은 감염자 수치를 예상하였습니다. 이유는 검색하는 사람들이 독감에 걸렸을 때만 검색하는 것이 아니라 단순한 호기심이나 독감에 대한 공포감 등 심리적인 요인에 의해서도 검색을 하기 때문입니다. 2013년은 '살인 독감'이 유행할 것이라는 정보가 사람들에게 전달되었고, 이를 겁낸 사람들이 독감에 걸리기도 전에 검색하기 시작했기 때문이었습니다.

💡 **생각해 보기**

데이터가 주는 결과를 무조건 믿어도 괜찮을지 자신의 생각을 말해 봅시다.

| 학습에 도움이 되는 추천
영상 QR 코드

한눈에 쏙, 데이터 표현

❶ 그래프

동계올림픽에 참가한 선수 수, 하루 동안의 기온의 변화, 좋아하는 악기 등은 그림으로 나타낼 수 있습니다. 이와 같이 여러 가지 상황 또는 자료를 분석하여 그 변화나 상태를 한눈에 알아볼 수 있도록 좌표평면 위에 나타낸 점이나 직선 또는 곡선 등을 그래프라고 합니다.

❷ 그래프의 종류

그래프는 정보에 따라 막대그래프, 선그래프, 원그래프, 점그래프, 히스토그램 등 다양하게 나타낼 수 있습니다.

1. 막대그래프

막대의 길이로 항목의 수량이 많고 적음을 알기 쉽게 알 수 있습니다. 또 여러 항목의 수량을 전체적으로 한눈에 비교하기가 쉽습니다.

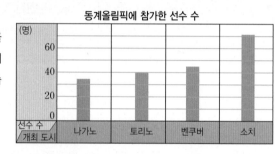

2. 선그래프

변화하는 모양과 정도를 알아보기 쉽습니다. 또, 조사하지 않은 중간값을 예상할 수 있습니다.

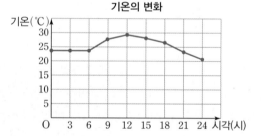

3. 원그래프

항목별 비율을 비교할 수 있고, 각 항목이 차지하는 비율을 한눈에 알 수 있습니다. 비율이 높을수록 원그래프에서 차지하는 부분이 넓습니다.

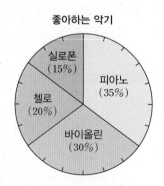

4. 점그래프

학생들의 학습 시간에 따른 성적 변화 등과 같이 연속적인 수치 데이터의 분포를 살펴보고 데이터 간의 관계를 분석할 때 사용합니다.

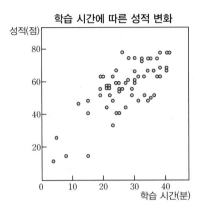

학습 시간에 따른 성적 변화

히스토그램은 계급이 주어져서 직사각형이 연속적으로 이어진 그래프이고, 막대 그래프는 계급의 크기가 없을 때, 서로 떨어져 있는 막대로 나타낸 그래프입니다.

5. 히스토그램

도수분포표보다 자료의 분포 상태를 쉽게 알아볼 수 있습니다. 각 직사각형의 넓이는 각 계급의 도수에 비례합니다.

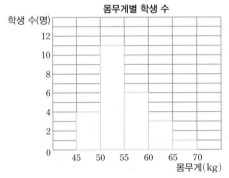

몸무게별 학생 수

확인 문제 1

어느 퀴즈 대회는 예선과 본선으로 나누어져 있으며 예선 점수가 60점 이상이면 본선에 진출할 수 있다고 한다. 오른쪽 히스토그램은 이 퀴즈 대회에 참가한 현서네 반 학생 전체의 예선 점수를 조사하여 나타낸 것이다.

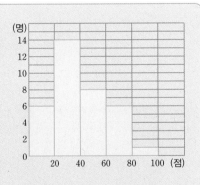

(1) 현서네 반 전체 학생 수를 구하시오.

(2) 도수가 6명인 계급은 몇 개인지 구하시오.

(3) 현서의 점수가 50점일 때, 이 변량이 속하는 계급의 도수를 구하시오.

(4) 본선에 진출할 수 있는 학생 수를 구하시오.

| 수학으로 풀어보기 |

(1) 각 계급의 도수는 6명, 14명, 8명, 6명, 1명이므로 전체 학생 수는 6+14+8+6+1=35(명)이다.

(2) 도수가 6명인 계급은 0점 이상 20점 미만, 60점 이상 80점 미만의 2개이다.

(3) 50점이 속하는 계급은 40점 이상 60점 미만이며, 이 계급의 도수는 8명이다.

(4) 점수가 60점 이상 80점 미만인 학생 수가 6명, 80점 이상 100점 이하인 학생 수가 1명이므로 본선에 진출할 수 있는 학생 수는 6+1=7(명)이다.

답 (1) 35명 (2) 2개 (3) 8명 (4) 7명

5 데이터 수집

어떤 요인이 행복에 많은 영향을 줄까?

사람들은 누구나 행복하게 살고 싶어 합니다. 인간으로서 어쩌면 당연한 바람일지도 모릅니다. 유엔의 '지속 가능한 발전 해법 네트워크(Sustainable Development Solutions Network)' 는 세계 행복 보고서(World Happiness Report)를 발행합니다. 행복과 관련된 6가지 요인 들을 바탕으로 국가별 행복한 순위를 제시합니다. 2021년 행복 지수가 가장 높은 나라는 핀란드 였고, 우리나라는 95개국 중 50위를 차지했다고 합니다. 세계 행복 보고서의 데이터를 분석하여 여러 가지 정보를 찾아봅시다.

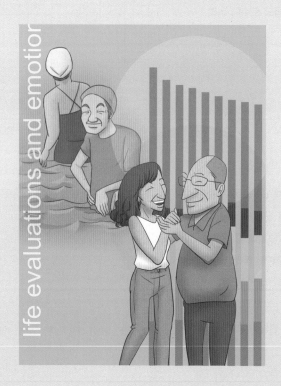

< 세계 행복 보고서에서 행복 지수를 산출하는 요소 >
• Logged GDP per capita: 1인당 국내 총생산
• Social support: 사회적 지원(복지)
• Healty life expectancy: 건강과 기대 수명
• Freedom to make life choices: 삶에 대한 선택의 자유
• Generosity: 관대함
• Perceptions of corruption: 부정부패에 대한 인식

📝 이 단원에서는 무엇을 알아볼까?

행복 요인으로 GDP를 가장 중요하게 생각한 나라와 삶에 대한 선택의 자유를 가장 중요하게 생 각한 나라는 어디일까요? 또한 행복과 관련된 6가지 요인은 행복 지수에 어떤 영향을 미치고 있을 까요? 세계 행복 보고서를 수집한 후 데이터 분석을 통해 알아봅시다.

사용할 도구 알아보기

코답에는 데이터를 정렬하는 기능도 있습니다. 데이터셋을 불러와 속성을 살펴보고, 데이터를 정렬하여 새로운 정보를 탐색해 봅시다.

데이터 정렬을 위한 기능 살펴보기

① 데이터 테이블에서 속성을 클릭하면 속성을 다루는 몇 가지 메뉴가 나타납니다.

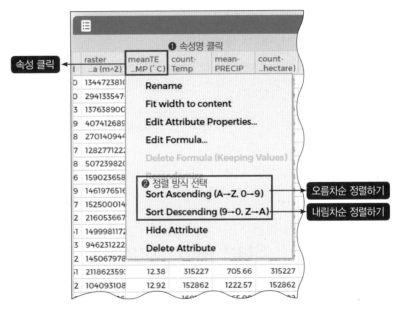

② 속성을 오름차순으로 정렬하려면 [Sort Ascending (A→Z, 0→9)] 메뉴를 선택합니다. 그러면 오른쪽과 같이 정렬된 것을 볼 수 있습니다.

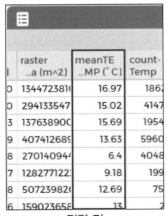

Sort Ascending (A→Z, 0→9)

정렬 전　　　　　　　　　　　정렬 후

세계 행복 보고서 데이터셋을 수집하여 다음의 질문에 답해 봅시다.

- 행복 요인으로 '1인당 국내 총생산량'을 가장 중요하게 생각한 나라는 어디일까요?
- 행복 요인으로 '삶에 대한 선택의 자유'를 가장 중요하게 생각한 나라는 어디일까요?
- 행복 지수에 부정적인 영향을 미치는 요인은 무엇일까요?

1. 데이터셋 수집하기

용어 설명

★ **캐글**

캐글은 데이터를 이용하여 예측 모델을 만들고 분석하여 결과를 산출하는 대회 플랫폼입니다. 이곳에서 다양한 데이터셋을 활용할 수 있습니다.

① 분석에 사용할 데이터를 수집하기 위해 캐글★(https://www.kaggle.com) 사이트에 접속합니다.

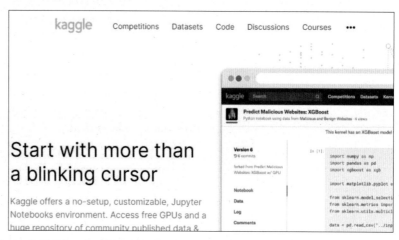

② Datasets 메뉴를 클릭합니다.

행복 보고서 데이터셋 리스트에는 2021년뿐 아니라 그 이전 데이터도 있습니다. 만약 이 책을 보고 있는 해가 2021년이 지났다면 가장 최근 업로드된 데이터셋을 선택하여 분석해도 됩니다.

③ 여러 가지 데이터셋 페이지가 나타나면 검색창에 'world happiness'를 입력하여 2021년도 세계 행복 보고서 데이터셋을 검색합니다.

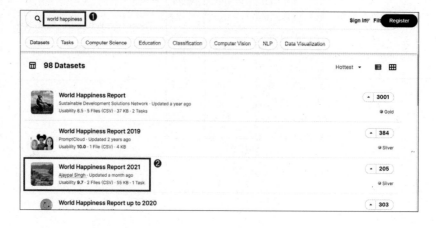

④ 'World Happiness Report 2021' 데이터셋을 클릭하면 다음과 같이 데이터셋 소개글, 포함된 속성값, 데이터셋 미리 보기, 데이터셋 다운로드 등의 메뉴가 나옵니다.

⑤ 데이터셋을 다운로드 받기 위해서는 먼저 캐글에 로그인해야 합니다. 만약 가입되어 있지 않다면, 현재 가지고 있는 이메일 계정이나 구글 계정을 통해 손쉽게 가입할 수 있습니다.

⑥ 만약 모든 파일을 한꺼번에 다운로드 받고자 한다면 다음과 같이 [download] 버튼을 클릭합니다. 다운로드 받은 파일은 'archive'라는 이름의 압축 파일로 내려받게 되므로 압축을 해제하여 사용하도록 합니다.

데이터셋을 다운로드 받는 경로를 별도로 지정하지 않았다면 '다운로드' 폴더에 저장됩니다.

2. 데이터셋 불러와 속성 확인하기

① 다운로드 받은 데이터셋을 마우스로 끌어다 놓기 하여 코답으로 업로드합니다.

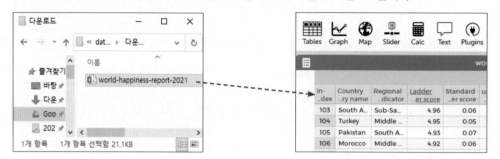

② 데이터셋의 데이터들을 살펴보면, 총 149개의 데이터가 있으며, 속성은 20개인 것을 알 수 있습니다.

테이블 왼쪽 위의 ⊞ 버튼을 클릭하여 각 속성의 범위를 파악할 수 있으며, 다시 ⊞⊞ 버튼을 누르면 데이터 테이블로 돌아옵니다.

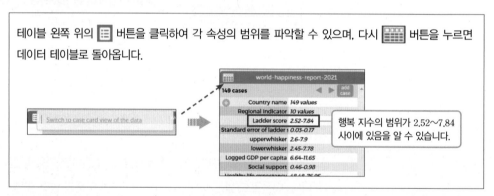

③ 데이터의 속성에는 어떤 것이 있는지 살펴보도록 합니다. 여기서는 분석에 사용할 일부 속성만 소개합니다.

- Country name: 국가명
- Regional indicator: 국가가 속해 있는 권역
- Ladder score: 행복 지수
- Logged GDP per capita: 1인당 국내 총생산
- Social support: 사회적 지원(복지)
- Healthy life expectancy: 건강과 기대 수명
- Freedom to make life choices: 삶에 대한 선택의 자유
- Generosity: 관대함
- Perceptions of corruption: 부정부패에 대한 인식

3. 데이터셋 다루기

데이터셋을 통해 앞에서 제시된 3가지 질문의 답을 찾아봅시다.

1) 행복 요인으로 1인당 국내 총생산량을 가장 중요하게 생각한 나라는 어디일까요?

나라별 '1인당 국내 총생산(Logged GDP per capita)'에 대해 평가한 순서를 파악하기 위해서 '1인당 국내 총생산(Logged GDP per capita)' 속성을 정렬합니다.

① '1인당 국내 총생산(Logged GDP per capita)' 속성을 클릭한 후, 가장 큰 값이 제일 앞에 오도록 내림차순(Sort Descending (9→0, Z→A))을 선택합니다.

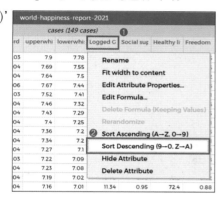

② '1인당 국내 총생산' 속성의 데이터가 내림차순에 따라 데이터가 정렬되었는지 확인합니다.

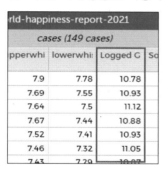

③ index값이 1인 국가명(Country name)을 확인하면 '1인당 국내 총생산' 값에 가장 높은 평가를 한 국가는 룩셈부르크(Luxembourg)인 것을 확인할 수 있습니다.

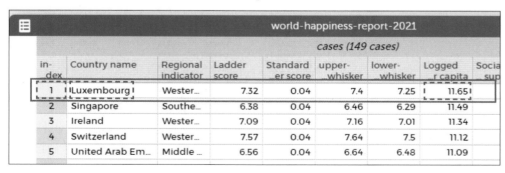

2) 행복 요인으로 삶에 대한 선택의 자유를 가장 중요하게 생각한 나라는 어디일까요?

나라별 '삶에 대한 선택의 자유(Freedom to make life choices)'에 대해 평가한 순서를 파악하기 위해서 '삶에 대한 선택의 자유(Freedom to make life choices)' 속성을 정렬합니다.

① '삶에 대한 선택의 자유(Freedom to make life choices)' 속성을 클릭한 후, 가장 큰 값이 제일 앞에 오도록 내림차순(Sort Descending (9→0, Z→A))을 선택합니다.

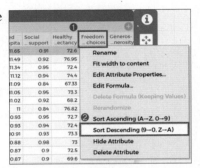

② '삶에 대한 선택의 자유' 속성의 데이터가 내림차순에 따라 데이터가 정렬되었는지 확인합니다.

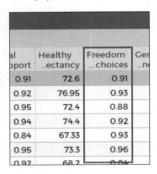

내림차순

③ index값이 1인 국가명(Country name)을 확인하면 '삶에 대한 선택의 자유' 값에 가장 큰 평가를 한 국가는 우즈베키스탄(Uzbekistan)인 것을 확인할 수 있습니다.

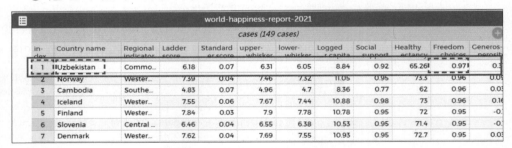

in-dex	Country name	Regional indicator	Ladder score	Standard er score	upper-whisker	lower-whisker	Logged r capita	Social support	Healthy ectancy	Freedom choices	Generos-nerosit
1	Uzbekistan	Commo...	6.18	0.07	6.31	6.05	8.84	0.92	65.26	0.97	0.3
2	Norway	Wester...	7.39	0.04	7.46	7.32	11.05	0.95	73.3	0.96	0.05
3	Cambodia	Southe...	4.83	0.07	4.96	4.7	8.36	0.77	62	0.96	0.03
4	Iceland	Wester...	7.55	0.06	7.67	7.44	10.88	0.98	73	0.96	0.16
5	Finland	Wester...	7.84	0.03	7.9	7.78	10.78	0.95	72	0.95	-0.1
6	Slovenia	Central ...	6.46	0.04	6.55	6.38	10.53	0.95	71.4	0.95	-0.1
7	Denmark	Wester...	7.62	0.04	7.69	7.55	10.93	0.95	72.7	0.95	0.03

world-happiness-report-2021
cases (149 cases)

3) 행복 지수에 부정적인 영향을 미치는 요인은 무엇일까요?

6가지 요인 중 행복 지수에 부정적인 영향을 미친다면 인식과 행복 지수는 반비례하는 경향을 보이게 됩니다. 따라서 요소별 행복 지수를 나타내는 그래프를 그려 확인할 수 있습니다.

① 1인당 국내 총생산: x축에는 '1인당 국내 총생산(Logged GDP per capita)' 속성을, y축에는 '행복 지수(Ladder score)'를 마우스로 끌어다 놓기 하여 그래프를 그립니다.

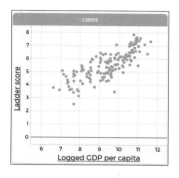

'1인당 국내 총생산(Logged GDP per capita)'과 '행복 지수(Ladder score)' 속성은 서로 비례 관계의 경향성을 띠고 있습니다. 따라서 1인당 국내 총생산이 높을수록 행복 지수도 높은 것을 알 수 있습니다.

② 사회적 지원: x축에 '사회적 지원(Social support)' 속성을, y축에 '행복 지수(Ladder score)'를 마우스로 끌어다 놓기 하여 그래프를 그립니다.

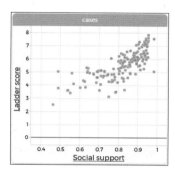

'사회적 지원(Social support)'과 '행복 지수(Ladder score)' 속성은 서로 비례 관계의 경향성을 띠고 있습니다. 따라서 사회적 지원이 높을수록 행복 지수도 높은 것을 알 수 있습니다.

③ 건강과 기대 수명: x축에 '건강과 기대 수명(Healthy life expectancy)' 속성을, y축에 '행복 지수(Ladder score)'를 마우스로 끌어다 놓기 하여 그래프를 그립니다.

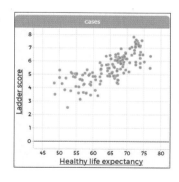

'건강과 기대 수명(Healthy life expectancy)'과 '행복 지수(Ladder score)' 속성은 서로 비례 관계의 경향성을 띠고 있습니다. 따라서 건강과 기대 수명이 높을수록 행복 지수도 높은 것을 알 수 있습니다.

④ 삶에 대한 선택의 자유: x축에 '삶에 대한 선택의 자유(Freedom to make life choices)' 속성을, y축에 '행복 지수(Ladder score)'를 마우스로 끌어다 놓기 하여 그래프를 그립니다.

'삶에 대한 선택의 자유(Freedom to make life choices)'와 '행복 지수(Ladder score)' 속성은 서로 비례 관계의 경향성을 띠고 있습니다. 따라서 삶에 대한 선택의 자유가 높을수록 행복 지수도 높은 것을 알 수 있습니다.

⑤ 관대함: x축에 '관대함(Generosity)' 속성을, y축에 '행복 지수(Ladder score)'를 마우스로 끌어다 놓기 하여 그래프를 그립니다.

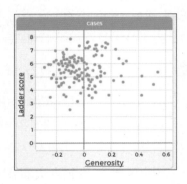

'관대함(Generosity)'과 '행복 지수(Ladder score)' 속성은 어떤 경향성을 보이지 않습니다.

⑥ 부정부패에 대한 인식: x축에 '부정부패에 대한 인식(Perceptions of corruption)' 속성을, y축에 '행복 지수(Ladder score)'를 마우스로 끌어다 놓기 하여 그래프를 그립니다.

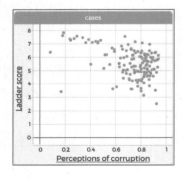

'부정부패에 대한 인식(Perceptions of corruption)'과 '행복 지수(Ladder score)' 속성은 서로 반비례 관계의 경향성을 띠고 있습니다. 따라서 부정부패에 대한 인식이 높을수록 행복 지수가 낮아지는 것을 알 수 있습니다.

⑦ 그래프를 해석하여 다음과 같이 결론을 내립니다.

분석 결과 6가지 요인 중 부정부패에 대한 인식률이 높아질수록 행복 지수가 낮아지는 반비례 경향을 보인다는 것을 알 수 있습니다.

| 학습에 도움이 되는 추천
영상 QR 코드

데이터, 누구냐 넌?

깊이 이해하기   데이터 수집은 어떻게 할까?

원하는 정보를 얻거나 문제를 해결하려면, 먼저 필요한 데이터를 수집할 수 있어야 합니다. 데이터를 수집하는 세 가지 방법을 살펴봅시다.

1. 공공데이터 수집

공공데이터는 정부나 지방 자치 단체 등의 공공 기관이 만들어 내는 양질의 자료나 정보를 포털에 등록하여 국민에게 개방하는 데이터입니다. 이곳은 누구나 무료로 쉽게 데이터를 이용할 수 있다는 점이 장점입니다.

공공데이터 포털 (https://www.data.go.kr/)	서울 열린데이터 광장 (https://data.seoul.go.kr/)

공공 행정, 과학 기술, 교육, 교통 물류, 국토 관리, 농축 수산, 문화 관광, 법률, 보건 의료, 사회 복지, 산업 고용, 식품 건강, 재난 안전, 재정 금융, 통일 외교 안보, 환경 기상과 같은 분야의 공공데이터들을 제공합니다.	보건, 일반 행정, 문화/관광, 산업/경제, 복지, 환경, 교통, 도시 관리, 교육, 안전, 인구/가구, 주택/건설 분야의 서울시 데이터들을 제공합니다.
경기데이터드림 (https://data.gg.go.kr)	기타
	그 밖에도 각 시도청, 한국도로공사, 외교부, 한국청소년정책연구원 등 다양한 공공 기관에서도 해당 기관이 수집한 데이터들을 제공하고 있습니다.
교통 건설 환경, 가족 보건 복지, 관광 문화 체육, 소방 재난 안전, 농림 축산 해양, 산업 경제, 교육 취업, 도시 주택, 조세 법무 행정과 같은 분야의 경기도 데이터들을 제공합니다.	

공공데이터를 이용하여 문제를 해결하고, 사용자에게 편의를 제공한 사례들은 다음과 같습니다.

출처: https://www.data.go.kr/tcs/puc/selectPublicUseCaseListView.do

2. 민간 데이터 수집

민간 데이터는 기업이 수집한 데이터를 생성하여 관리하는 데이터를 말합니다. 주로 수익을 위해 제공하는 경우가 많지만, 무료인 경우도 있으며 공공데이터보다 다양한 주제로 이루어진 데이터들을 접할 수 있다는 점이 장점입니다. 통신사의 고객 데이터나 숙박 시설 예약 사이트의 고객 데이터, 포털 사이트의 사용자 데이터 등은 민간 데이터에 해당합니다.

경기데이터드림의 민간 데이터 카탈로그 (https://data.gg.go.kr)	캐글 (https://www.kaggle.com)

통신사의 고객 데이터나 숙박 시설 예약 사이트의 고객 데이터, 포털 사이트의 사용자 데이터 등 다양한 기업의 데이터들을 포함합니다.	구글이 운영하는 데이터 분석 대회 플랫폼으로 기업이나 단체에서 데이터와 해결 과제를 등록하면 사용자들이 이를 해결합니다.

민간 데이터를 이용하여 문제를 해결하고, 사용자에게 편의를 제공한 사례들은 다음과 같습니다.

카드 데이터 활용	통신 데이터 활용

외국인 관광객이 한국에서 얼마나 지출을 하는지, 어느 나라가 얼마나 많이 지출하는지 등을 파악하여 관광 상품 개발에 이용합니다.	외국인 관광객의 정확한 방문 현황을 분석하고 패턴을 찾아 관광객 확보를 위한 방안 마련에 이용합니다.

3. 직접 수집

직접 수집 방법은 자신이 해결하고자 하거나 분석하고 싶은 분야의 데이터를 얻기 위해 설문이나 면담 등을 통해 직접 수집하는 방법입니다. 원하는 데이터를 중심으로 얻을 수 있다는 점은 장점이지만, 이 데이터를 수집하기 위해서는 소요되는 오랜 시간뿐 아니라 큰 비용은 단점이라고 할 수 있습니다.

📖 읽어 보기 **데이터의 양과 질**

데이터로부터 새로운 정보를 찾거나 문제를 해결하기 위해서는 많은 양의 데이터들을 수집할 수 있어야 합니다. 그런데 이 데이터들이 아무렇게나 작성된 질이 낮은 데이터면 의미 있는 정보를 도출하기가 어렵습니다. 따라서 수집하는 데이터들은 충분한 양과 높은 질을 모두 갖추고 있어야 합니다.

1. 데이터가 많으면 보다 정확한 결과를 도출할 수 있습니다.

사람이 경험이 많으면 많을수록 그 경험에 대처하는 능력은 향상되고, 잘못 대처할 가능성은 낮아지듯이, 데이터가 많으면 원하는 정보를 보다 정확하게 도출할 가능성이 커집니다. 예를 들어, 우리 학교 학생의 의견을 취합하기 위하여 특정 학년의 5명의 의견을 듣는 것보다는 100명의 의견을 듣는 것이 더 좋고, 100명보다는 1000명의 의견이 전체 우리 학교의 의견을 대표하기에 좋습니다.

2. 데이터의 질이 우수하다면 보다 정확한 결과를 도출할 수 있습니다.

수집한 데이터들이 문제 해결에 적합한 데이터들이고 분석할 수 있는 형식으로 구성되어 있다면 원하는 정보를 정확하게 도출할 수 있습니다. 예를 들어, 한 마트의 고객이 물건을 산 일시가 어떤 날은 2021년 4월 21일이라고 되어 있고, 또 어떤 날은 2021-04-21이라고 되어 있는 등 형식이 잘 맞지 않거나 날짜가 입력되어 있지 않다면, 이 데이터를 사용하기는 쉽지 않습니다. 남녀 구분 또한 어떤 데이터는 남, 녀로 입력되어 있고, 어떤 데이터들은 1, 2로 입력되어 있다면 이 또한 통일하는 과정을 거쳐야 데이터를 처리할 수 있습니다.

그렇다면 데이터의 양과 질을 비교할 때, 하나만 선택해야 한다면 양과 질 중 어떤 것이 더 중요할까요? 왜 그렇게 생각하는지 이유와 함께 제시해 봅시다.

양이 중요하다	질이 중요하다
(이유)	(이유)

❶ 대푯값

자료의 중심적인 경향이나 특징을 대표적으로 나타내는 값을 그 자료의 **대푯값**이라고 합니다. 대푯값으로 주로 평균이 사용됩니다.

1. 평균

$$(평균)=\frac{(변량)의\ 총합}{(변량)의\ 개수}$$

다음은 학생 7명의 줄넘기 횟수를 나타낸 자료입니다.

(단위: 회)

28	10	26	16	14	21	109

학생 7명의 줄넘기 횟수의 평균은 다음과 같습니다.

$$\frac{28+10+26+16+14+21+109}{7}=32(회)$$

2. 도수분포표에서 평균

$$(평균)=\frac{\{(계급값)\times(도수)\}의\ 총합}{(도수)의\ 총합}$$

오른쪽 표는 미선이네 반 학생 20명의 1년 동안 자란 키의 성장폭을 조사하여 나타낸 것입니다.

오른쪽 도수분포표에서 30 mm 이상 40 mm 미만인 계급의 계급값은 35 mm이므로 이 계급에 속하는 성장폭을 모두 35 mm인 것으로 생각하면 이 계급에 속하는 2명의 성장폭의 합은 다음과 같습니다.

$(계급값)\times(도수)=35\times2=70(mm)$

이와 같은 방법으로 각 계급에 대하여 $(계급값)\times(도수)$를 구하면 다음과 같습니다.

계급(mm)	도수(명)
30이상~40미만	2
40~50	4
50~60	5
60~70	5
70~80	4
합계	20

계급(mm)	계급값(mm)	도수(명)	(계급값)×(도수)
30이상~40미만	35	2	70
40~50	45	4	180
50~60	55	5	275
60~70	65	5	325
70~80	75	4	300
합계		20	1150

$$(평균)=\frac{1150}{20}=57.5(mm)$$

확인 문제 1

오른쪽 도수분포표는 농구 선수 **20**명이 슛 연습으로 공을 던진 횟수를 조사하여 나타낸 것이다. 공을 던진 횟수의 평균을 구하시오.

계급(회)	도수(명)
400이상~500미만	4
500~600	8
600~700	6
700~800	2
합계	20

| 수학으로 풀어 보기 |

계급(회)	계급값	도수	(계급값)×(도수)
400이상~500미만	450	4	1800
500~600	550	8	4400
600~700	650	6	3900
700~800	750	2	1500
합계		20	11600

$(평균)=\dfrac{11600}{20}=580(회)$

🔑 580회

일반적으로 자료의 변량 중에서 매우 크거나 매우 작은 값이 있는 경우에는 평균보다 중앙값이 그 자료의 특징을 더 잘 나타냅니다.

3. 중앙값

자료의 변량을 작은 값부터 순서대로 나열할 때, 중앙에 위치하는 것을 그 자료의 **중앙값**이라고 합니다.

자료의 변량을 작은 값부터 순서대로 나열할 때, 변량의 개수가 홀수인 경우에는 중앙에 위치하는 변량이 한 개이므로 이 값을 중앙값으로 하고, 변량의 개수가 짝수인 경우에는 중앙에 위치하는 변량이 두 개이므로 이 두 값의 평균을 중앙값으로 합니다.

① 자료 '1, 1, 3, 4, 6, 7, 9, 10, 26'은 변량이 9개이므로, 이 자료의 중앙값은 다섯 번째 값인 6입니다.

② 자료 '0, 1, 3, 7, 11, 15, 21, 28'은 변량이 8개이므로 이 자료의 중앙값은 네 번째 값 7과 다섯 번째 값 11의 평균인 9입니다.

4. 최빈값

최빈값은 하나로 정해지는 평균이나 중앙값과 달리 자료에 따라 두 개 이상일 수도 있고, 없을 수도 있습니다.

자료의 값 중에서 가장 많이 나타나는 값을 그 자료의 **최빈값**이라고 합니다.

① 자료 '사과, 배, 사과, 포도, 사과'에서 사과가 가장 많이 나타나므로, 이 자료의 최빈값은 사과입니다.

② 자료 '6, 9, 7, 2, 7, 9'에서 7과 9가 가장 많이 나타나므로, 이 자료의 최빈값은 7과 9입니다.

③ 자료 '2, 7, 1, 8, 5'에서 변량이 모두 한 번씩만 나타나므로, 이 자료의 최빈값은 없습니다.

확인 문제 2

다음은 동진이네 반 학생 **10**명의 가족 수를 나타낸 자료이다. 이 자료의 평균, 중앙값, 최빈값을 구하시오.

(단위: 명)

| 3 | 6 | 4 | 3 | 3 | 6 | 4 | 5 | 3 | 3 |

🔑 평균: 4, 중앙값: 3.5, 최빈값: 3

❷ 산포도

자료의 분포 상태를 알아보기 위하여 변량들이 흩어져 있는 정도를 하나의 수로 나타낸 값을 그 자료의 **산포도**라고 합니다. 산포도에는 여러 가지가 있으나 주로 평균을 중심으로 변량들이 흩어져 있는 정도를 나타내는 산포도를 사용합니다.

1. 편차

변량에서 평균을 뺀 값을 그 변량의 **편차**라고 합니다.

(편차)＝(변량)−(평균)

편차는 변량이 평균보다 크면 양수이고, 변량이 평균보다 작으면 음수입니다. 또 편차의 절댓값이 클수록 그 변량은 평균에서 멀리 떨어져 있고, 편차의 절댓값이 작을수록 그 변량은 평균에 가까이 있습니다.

2. 분산과 표준편차

편차의 합은 항상 0이므로 편차의 평균도 0이 되어 편차의 평균으로는 변량들이 흩어진 정도를 알 수 없습니다. 따라서 편차의 평균 대신 편차를 제곱한 값의 평균과 그 양의 제곱근을 산포도로 이용합니다.

편차를 제곱한 값의 평균을 **분산**이라 하고, 분산의 양의 제곱근을 **표준편차**라고 합니다.

① $(분산)＝\dfrac{(편차)^2의\ 총합}{(변량)의\ 개수}$ 　　　　　② $(표준편차)＝\sqrt{(분산)}$

확인 문제 3

다음은 연우네 반 학생 **10명의 1학기 봉사 활동 시간**을 나타낸 자료이다. 이 자료의 분산과 표준편차를 구하시오.

(단위: 시간)

| 12 | 13 | 11 | 10 | 16 | 10 | 16 | 9 | 8 | 15 |

| 수학으로 풀어 보기 |

$(평균)＝\dfrac{1}{10}(12+13+11+10+16+10+16+9+8+15)=12(시간)$

이므로 각 변량의 편차를 구하여 표로 나타내면 다음과 같습니다.

(단위: 시간)

시간	12	13	11	10	16	10	16	9	8	15
편차	0	1	−1	−2	4	−2	4	−3	−4	3

$(분산)＝\dfrac{1}{10}\{0^2+1^2+(-1)^2+(-2)^2+4^2+(-2)^2+4^2+(-3)^2+(-4)^2+3^2\}=\dfrac{76}{10}=7.6$

$(표준편차)＝\sqrt{7.6}\ (시간)$

🔲 분산: 7.6, 표준 편차: $\sqrt{7.6}$ (시간)

6 데이터 유형

학생들은 원격 수업에 어떻게 참여할까?

사람들은 누구나 어른이 되기까지 필요한 지식을 얻고, 타인과 함께 생활하는 방법을 익히기 위해 학습을 합니다. 그리고 필요한 지식을 잘 알고 있는지 확인하고, 부족한 부분을 채우기 위하여 평가를 받기도 합니다. 이러한 학습 활동은 오프라인 수업이나 원격 수업을 하는 동안에 이루어집니다.

원격 수업을 하는 과정에서 학생들은 수업에 어떻게 참여했을까요? 학생들은 원격 수업에서 선생님께 질문도 하고, 공지 사항을 스스로 확인하며, 업로드된 학습 자료들을 다운로드 받아 학습도 합니다. 물론 모둠별 토론 수업에서는 토론에 참여하기도 합니다.

📝 **이 단원에서는 무엇을 알아볼까?**

학생들은 원격 수업에 어떻게 참여할까요? 원격 수업 관리 시스템에 기록된 학생들의 수행 데이터들을 분석해 봅시다.

사용할 도구 알아보기

코답에는 학급별 키의 평균 비교와 같이 그룹 간 비교를 위하여 평균을 구할 수 있는 기능이 있습니다. 데이터셋을 불러와 속성을 살펴보고, 데이터들의 평균을 구하여 새로운 정보를 탐색해 봅시다.

데이터 평균을 구하는 기능 살펴보기

① 데이터로 그래프를 만들고, 우측에 생기는 메뉴 중에서 측정 도구인 [눈금자]를 클릭하면 통계값을 구하는 몇 가지 메뉴가 나타납니다.

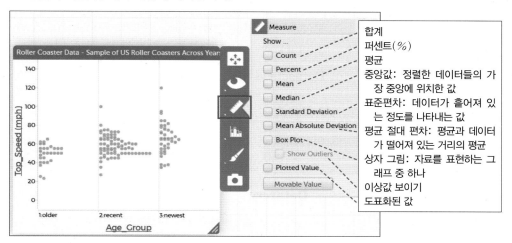

② 평균을 의미하는 'Mean'에 체크하면 다음과 같이 평균의 위치를 알려 주는 파란색 선이 생깁니다.

여기서 사용된 데이터셋은 롤러코스터 데이터이며, 오른쪽의 그래프는 제작된 시기별로 최고 속도를 나타냅니다.

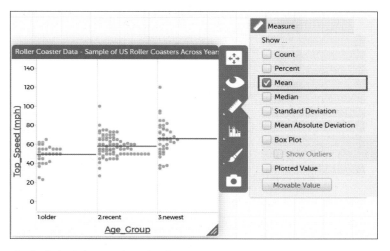

③ 출력된 결과를 토대로 새로운 정보를 찾습니다. 그래프를 보면 평균적으로 '1:older' 그룹에서 '3:newest' 그룹으로 갈수록 'Top_Speed(mhp)'가 점차 높아지는 것을 알 수 있습니다.

원격 수업에서의 학생의 학습 태도 분석하기

학업 수행 데이터셋(Students' Academic Performance Dataset)을 수집하여 다음의 질문에 답해 봅시다.

> 학생들은 원격 수업 시간에 발표를 위해 손들기를 자주 하든지 학생의 성적에 따라 손들기 횟수의 차이가 있는지 알아볼까요?

1. 데이터셋 수집하기

① 분석에 사용할 데이터를 수집하기 위하여 캐글(https://www.kaggle.com) 사이트에 접속합니다.

② Datasets 메뉴를 클릭합니다.

③ 여러 가지 데이터셋 페이지가 나타나면 검색창에 'students' academic performance dataset'을 입력하여, 원격 수업 관리 시스템의 학업 수행 데이터셋을 검색합니다.

학업 수행 데이터셋과 관련된 다양한 데이터셋이 검색됩니다. 데이터셋의 아이콘, 제목을 잘 확인해 보고 이번 장에서 활용할 데이터셋을 선택합니다.

데이터셋을 다운로드 받기 위해서는 가입한 메일 계정으로 캐글에 로그인합니다.

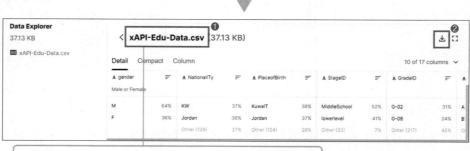

> 제목을 클릭해 다운로드 파일명이 'xAPI-Edu-Data.csv'라는 것을 확인한 후, 오른쪽에 있는 ⬇️ 버튼을 클릭하여 데이터셋을 다운로드합니다.

2. 데이터셋 불러와 속성 확인하기

데이터셋을 다운로드 받는 경로를 별도로 지정하지 않았다면 '다운로드' 폴더에 저장됩니다.

① 다운로드 받은 데이터셋을 마우스로 끌어다 놓기 하여 코답으로 업로드합니다.

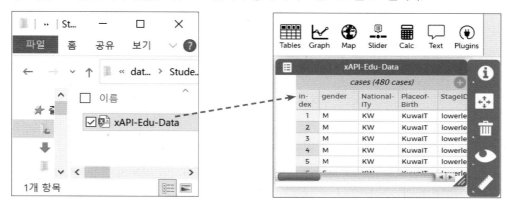

② 데이터셋의 데이터들을 살펴봅니다. 데이터는 총 480개이며, 속성은 17개인 것을 알 수 있습니다.

index	gender	National-ITy	Placeof-Birth	StageID	GradeID	Sec-tionID	Topic	Semester	Relation	raised-hands	Vi...
1	M	KW	KuwaIT	lowerle...	G-04	A	IT	F	Father	15	
2	M	KW	KuwaIT	lowerle...	G-04	A	IT	F	Father	20	
3	M	KW	KuwaIT	lowerle...	G-04	A	IT	F	Father	10	
4	M	KW	KuwaIT	lowerle...	G-04	A	IT	F	Father	30	
5	M	KW	KuwaIT	lowerle...	G-04	A	IT	F	Father	40	
6	F	KW	KuwaIT	lowerle...	G-04	A	IT	F	Father	42	
7	M	KW	KuwaIT	MiddleS	G-07	A	Math	F	Father	35	

③ 데이터의 속성에는 어떤 것들이 있는지 살펴봅니다.

- gender: 성별
- NationalITy: 국적
- PlaceofBirth: 출생지
- StageID: 학교급
- GradeID: 학년
- SectionID: 참여한 그룹(A, B, C)
- Topic: 과목명
- Semester: 학기(F: 첫 번째, S: 두 번째)
- Relation: 보호자(Father, Mum)
- raisedhands: 손들기(수업에서 손을 드는 횟수, 0~100)
- VislTedResources: 콘텐츠 접근 횟수(0~100)
- AnnouncementsView: 공지 사항 확인 횟수(0~100)
- Discussion: 토론 그룹에 참여한 횟수(0~100)
- ParentAnsweringSurvey: 설문 조사에 대한 학부모 참여 여부(Yes, No)
- ParentschoolSatisfaction: 학교에 대한 학부모 만족도(Good, Bad)
- StudentAbsenceDays: 학생의 결석 일수(Under -7, above -7)
- Class: 학생 성적 수준(H(상), M(중), L(하))

이 중 해결해야 할 "학생들은 원격 수업 시간에 발표를 위해 손들기를 자주 할까? 학생의 성적에 따라 손들기 횟수의 차이가 있을까?"의 문제를 해결하기 위해 필요한 속성은 다음과 같습니다.

> • raisedhands: 손들기(수업에서 손을 드는 횟수, 0~100)
> • Class: 학생 성적 수준(H(상), M(중), L(하))

3. 데이터셋 다루기

데이터셋을 통해 앞에서 제시된 질문의 답을 찾아봅시다.

① 학생 성적 수준(Class)별 손들기(raisedhands) 횟수를 파악하는 그래프를 그립니다.

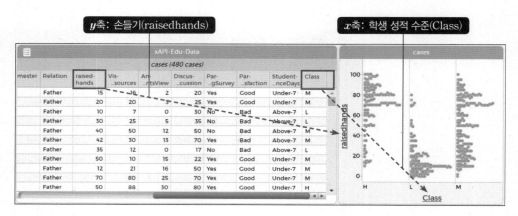

② 학생 성적 수준(Class)의 배치를 정리합니다. 그래프를 만들면 데이터가 알파벳 순서대로 분류됩니다. 우리가 살펴볼 순서는 H, M, L 순서이므로 L 그룹을 M 그룹 오른쪽으로 끌어다 놓기 하여 재배치합니다.

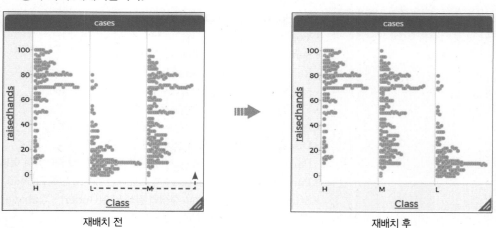

재배치 전   재배치 후

③ 측정 메뉴를 이용하여 평균을 산출합니다.

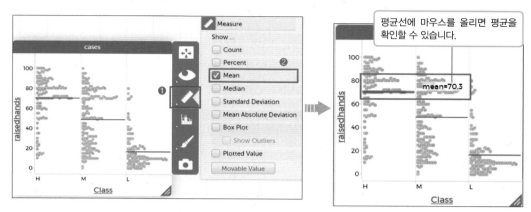

④ 결과를 해석합니다.

H 성적 수준의 손들기 평균은 70.3회, M 성적 수준의 손들기 평균은 48.9회, L 성적 수준의 손들기 평균은 16.9회로 학생 성적 수준에 따라 손들기 횟수의 차이가 있다는 것을 확인할 수 있습니다.

확인해 보기 1

학생들은 원격 수업에서 콘텐츠에 얼마나 자주 접근할까요? 학생의 성적 수준(Class)에 따라 콘텐츠 접근 횟수(VislTedResources)의 차이가 있는지 각 성적 수준(Class)별로 평균을 구하여 알아봅시다.

▶ H 성적 수준(Class)의 콘텐츠 접근 횟수 평균: 78.7
M 성적 수준(Class)의 콘텐츠 접근 횟수 평균: 60.6
L 성적 수준(Class)의 콘텐츠 접근 횟수 평균: 18.3
우수한 성적 수준의 학생일수록 콘텐츠 접근 횟수가 많습니다.

확인해 보기 2

학생들은 원격 수업에서 공지 사항을 얼마나 확인할까요? 학생의 성적 수준(Class)에 따라 공지 사항 확인 횟수(AnnouncementsView)의 차이가 있는지 각 성적 수준(Class)별로 평균을 구하여 알아봅시다.

▶ H 성적 수준(Class)의 공지 사항 확인 횟수 평균: 53.4
M 성적 수준(Class)의 공지 사항 확인 횟수 평균: 41
L 성적 수준(Class)의 공지 사항 확인 횟수 평균: 15.6
우수한 성적 수준의 학생일수록 공지 사항 확인 횟수가 많습니다.

확인해 보기 3

학생들은 원격 수업에서 토론에 얼마나 자주 참여할까요? 학생의 성적 수준(Class)에 따라 토론 참여 횟수(Discussion)의 차이가 있는지 각 성적 수준(Class)별로 평균을 구하여 알아봅시다.

▶ H 성적 수준(Class)의 토론 참여 횟수 평균: 53.7
M 성적 수준(Class)의 토론 참여 횟수 평균: 43.8
L 성적 수준(Class)의 토론 참여 횟수 평균: 30.8
우수한 성적 수준의 학생일수록 토론 참여 횟수가 많습니다.

데이터셋에는 여러 가지 속성들이 포함되어 있습니다. 예를 들어 학교의 학생들에 대한 데이터셋에는 학생의 학년, 반, 번호, 이름, 성별, 키, 성적 등의 속성들이 포함되어 있을 수 있습니다. 그리고 이 속성들은 여러 유형으로 구성됩니다.

학년	반	번호	이름	성별	키	성적	점수	과제 제출 횟수
1	5	7	강○○	남	172.8	상	92	5
2	8	19	최□□	여	160.5	중	100	9
⋮	⋮	⋮	⋮	⋮	⋮	⋮	⋮	⋮

〈유형〉

- **명목형 데이터**: 어떤 범주나 항목을 나타내는 데이터 예 학년, 반, 번호, 이름, 성별
- **순서형 데이터**: 범주를 나타내지만, 순서가 있는 데이터 예 성적(상, 중, 하)
- **이산형 데이터**: 연속적이지 않지만, 수치적 의미를 갖는 데이터 예 과제 제출 횟수
- **연속형 데이터**: 연속적인 수치의 의미를 갖는 데이터 예 키, 점수

이 중 명목형 데이터와 순서형 데이터는 묶어서 범주를 나타내는 범주형 데이터라고 하며, 이산형 데이터와 연속형 데이터는 수치를 나타내므로 수치형 데이터라고 합니다. 그리고 데이터의 유형이 무엇이냐에 따라 분석하는 방법이 다릅니다.

예를 들어, 앞의 활동에서 사용한 학업 수행 데이터셋에서 보호자(Relation) 속성은 범주형 데이터로 빈도를 세어 그래프를 그려 분석할 수 있습니다. 이에 비해 손들기 (raisedhands) 속성은 수치형 데이터로 빈도뿐 아니라 평균값을 함께 계산하여 분석할 수 있습니다.

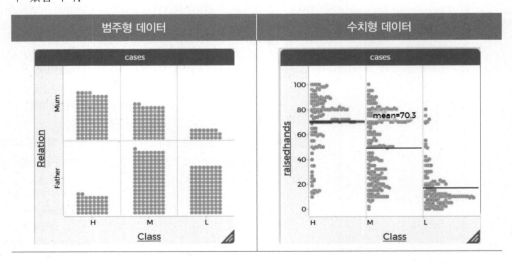

📖 읽어 보기 **데이터의 오해와 진실**

데이터가 사람들에게 많은 유용함을 준다고 알려져 적극적으로 활용되고 있지만, 데이터에 대한 여러 가지 오해들도 존재합니다. 데이터에 대한 오해와 진실을 살펴봅시다.

1. 데이터는 개인이 아니라 IT 회사들에게만 유용합니다. ≫ 거짓

데이터는 기업들이 상품을 판매할 때 개인 맞춤 정보를 제공하여 소비를 촉진시키기도 하지만, 소비자들이 더 나은 의사 결정을 할 수 있도록 돕기도 합니다. 이는 대량 생산 중심에서 대량 개인 맞춤형 생산으로 전환하는 데 도움을 준다고 볼 수 있으며, 데이터 분석과 관련해 일자리를 창출하여 사람들에게 기회를 제공하기 때문에 반드시 회사들에게만 유용하다고 볼 수는 없습니다.

2. 모든 데이터는 개인 데이터입니다. ≫ 거짓

모든 수집 데이터가 개인 데이터는 아닙니다. 물론 스마트폰이나 신용 카드 사용 내역, SNS 등에서 수집을 하는 데이터들은 개인 데이터가 포함되어 있기도 합니다. 그러나 주식 시장의 거래량, 센서를 이용한 특정 관광지의 관광객 이용 내역 등은 한 개개인의 활동으로부터 수집되지만, 개인 데이터는 아닙니다. 따라서 모든 데이터가 개인 데이터라고 보는 것은 잘못된 생각입니다.

3. 데이터로 인해 일자리가 사라질 수 있습니다. ≫ 거짓

많은 기업이 데이터 분석을 중요하게 생각하고 있습니다. 데이터 분석을 통해 불필요한 업무나 일자리를 정리할 수 있지만, 효율성을 따져 필요한 일자리를 창출하기도 합니다. 생겨나는 일자리가 IT 분야의 일자리로 한정되는 것이 아니라 데이터 분석과 관련되는 분야의 일자리를 함께 창출하는 것이므로 실질적으로는 일자리가 증가한다고 봐야 합니다.

4. 데이터 분석의 결과는 인과 관계를 의미한다. ≫ 거짓

데이터 분석은 아직 알려지지 않은 정보를 찾기 위함이라고 볼 수 있습니다. 물론 데이터들 간의 관계를 파악할 수 있지만, 데이터의 원인과 결과를 확인할 수 있는 것은 아닙니다. 예를 들어 폭력 범죄와 살인 범죄의 비율은 아이스크림 판매량이 증가할 때 급증하는 경향을 보일 수 있지만, 아이스크림 판매량이 원인 또는 결과는 아닙니다. 따라서 데이터 분석 결과를 해석할 때는 분석 결과가 인과 관계가 아닐 수도 있음에 유의하고, 다양한 관점에서 살펴볼 필요가 있습니다.

— 출처: BSA, 왜 데이터가 중요한가? (2015)

7 데이터 전처리

우리나라에는 어떤 박물관/미술관이 있을까?

국제박물관협의회(International Council of museums)에 따르면 전 세계에는 202개국에 55,000개가 넘는 박물관/미술관이 있다고 합니다. 박물관/미술관은 다양한 분야의 역사적인 자료들을 수집하고 보존할 뿐 아니라 많은 사람에게 공개하여 함께 공유하기도 합니다.

박물관/미술관은 과거에는 단순히 사물을 전시하는 곳이었지만 언제부터인가 사람들에게 다양한 행사와 체험을 제공하면서 가볍게 방문하고 즐길 수 있는 곳으로 변하고 있습니다. 어떤 주제에 대해 강연도 하고, 영화 상영 및 공연을 하기도 하며 심지어는 가상 박물관/미술관을 만들어 온라인에서 언제 어디서든지 구경할 수 있도록 합니다.

📝 이 단원에서는 무엇을 알아볼까?

우리나라의 박물관/미술관은 어느 위치에 있을지, 박물관/미술관 구분별로 청소년이 무료로 갈 수 있는 곳은 몇 군데나 있는지, 각 시도별로 몇 개의 박물관/미술관이 있는지 등 다양한 정보를 찾을 수 있도록 박물관/미술관 데이터들을 분석해 봅시다.

사용할 도구 알아보기

코답에서는 원하는 정보를 얻기 위해 지도에 데이터를 표시하거나 속성값을 기준으로 그룹화하거나 데이터를 처리하는 함수를 이용할 수 있습니다.

1. 데이터 분석을 위한 지도 표시 기능 살펴보기

코답의 메뉴 중 은 데이터 속성 중 위도(Latitude)와 경도(Longitude) 속성이 있으면 지도에 데이터를 표시합니다. 다만 속성명이 영어로 되어 있어야 합니다.

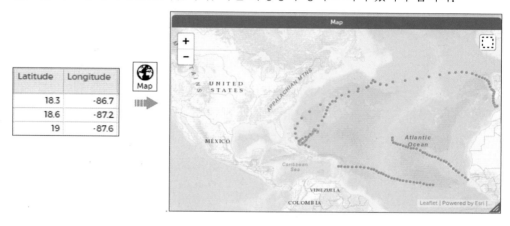

2. 데이터 분석을 위한 그룹화 기능 살펴보기

코답의 테이블을 살펴보면 제일 왼쪽에 빈 곳이 있습니다. 이 공간에 그룹을 나눌 기준이 되는 속성을 마우스로 끌어다 놓으면 그 값을 기준으로 그룹이 만들어집니다.

오른쪽 설명에서 사용된 롤러코스터 데이터셋은 코답 사이트의 샘플 코답 데이터셋에서 찾을 수 있습니다.

Roller Coasters

Embeddable Link   Lesson Plan

	Sample of US Roller Coasters Across Years				
	Roller Coasters (157 cases)				
in-...dex	Coaster	Park	City	Age Group	State
1	Zippin ...	Libertyl...	Memphis	1:older	Tenness...
2	Judge R...	Six Flag...	Arlingto...	2:recent	Texas
3	Batman...	Six Flag...	San Ant...	3:newest	Texas
4	Jack Ra...	Kennyw...	West Mi...	1:older	Pennsyl...
5	Thunde...	Dorney ...	Allento...	1:older	Pennsyl...
6	Giant Di...	Santa C...	Santa C...	1:older	Californ...
7	Thunde...	Kennyw...	West Mi...	1:older	Pennsyl...

① 다음 데이터는 미국에 있는 롤러코스터에 관한 데이터인데, 개발 시기(Age Group) 속성을 그룹 영역으로 끌어다 놓으면 다음과 같이 오래된 것(older), 최근 것(recent), 최신 것(newest)으로 구분됩니다.

그룹을 만드는 기준이 되는
속성값은 범주형 데이터이어
야 합니다.

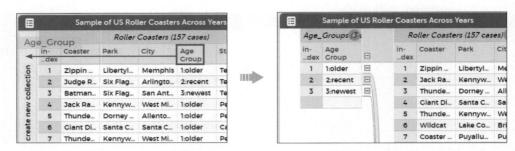

② 그룹화를 하고 나면 그룹 간 평균값을 비교하거나 그룹 내에서 가장 큰 값 또는 작은 값을 찾는 작업을 할 수 있게 됩니다. 그룹화하기 전에는 알기 어려웠던 새로운 정보를 습득할 수 있습니다.

3. 데이터 분석을 위한 함수 살펴보기

코답에는 데이터 분석을 원활하게 하기 위해 데이터를 처리하는 여러 가지 함수들이 있습니다. 데이터값의 개수를 세거나 데이터들의 평균을 구하고자 하는 경우, 속성 이름을 클릭한 후 [Edit Formula...] 메뉴를 통해 함수로 수식을 완성하면 됩니다.

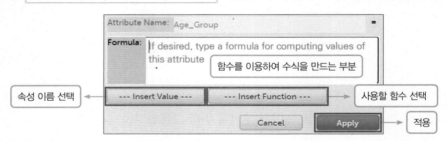

우리가 이번 활동에서 사용할 함수는 데이터값의 개수를 세는 count( ) 함수와 문자열에서 글자를 분리하는 split( ) 함수입니다.

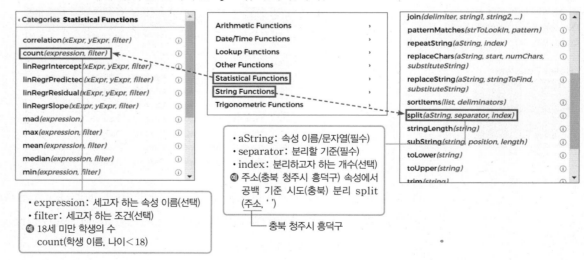

📝 **활동하기** **박물관/미술관 정보 찾기**

우리나라 박물관/미술관 데이터셋을 수집하여 다음의 질문에 답해 봅시다.

- 우리나라 박물관/미술관은 어느 위치에 있을까요?
- 박물관/미술관 구분별로 청소년이 무료로 갈 수 있는 곳은 몇 군데나 있을까요?
- 박물관/미술관은 각 시도별로 몇 군데가 있을까요?

1. 데이터셋 수집하기

① 분석에 사용하는 자료를 수집하기 위하여 공공데이터 포털(https://www.data.go.kr) 사이트에 접속한 후 검색창에 '박물관'을 입력합니다.

② 여러 가지 데이터셋 페이지가 나타나면 제일 아래 표준 데이터셋 중 '전국박물관미술관정보표준데이터'를 선택합니다.

③ 데이터셋을 'CSV' 형식으로 다운로드합니다.

2. 데이터셋 불러와 속성 확인하기

① 다운로드한 데이터셋을 코답으로 업로드하면 한글이 깨져 보입니다. 엑셀에서 데이터셋을 연후, [파일] 메뉴에서 [다른 이름으로 저장하기]를 눌러 파일 형식을 "CSV UTF-8(쉼표로 분리)(*.csv)"로 선택하여 저장합니다.

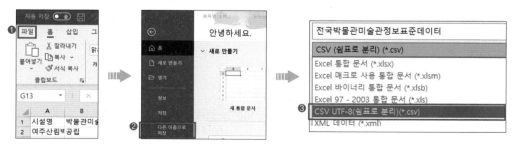

② 새로 저장한 데이터셋을 코답으로 불러온 후 데이터의 개수와 속성을 확인합니다. 데이터는 총 1,644개이며 속성은 26개인 것을 알 수 있습니다.

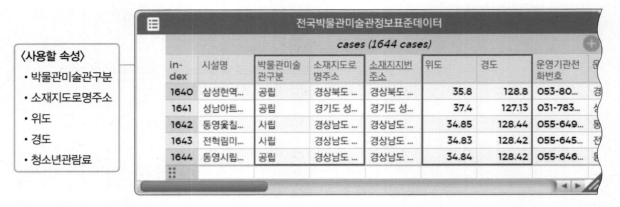

〈사용할 속성〉
• 박물관미술관구분
• 소재지도로명주소
• 위도
• 경도
• 청소년관람료

3. 데이터셋 다루기

데이터셋을 통해 앞에서 제시된 3가지 질문의 답을 찾아봅시다.

1) 우리나라 박물관/미술관은 어느 위치에 있을까요?

박물관/미술관의 위치를 살펴보기 위해 Map 기능을 통해 지도에 표시해 봅시다.

① '위도'와 '경도' 속성 이름을 클릭하여 [Rename] 메뉴를 선택하고, 각각 'Latitude'와 'Longitude'로 수정합니다.

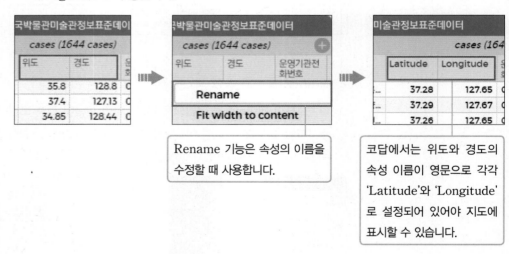

Rename 기능은 속성의 이름을 수정할 때 사용합니다.

코답에서는 위도와 경도의 속성 이름이 영문으로 각각 'Latitude'와 'Longitude'로 설정되어 있어야 지도에 표시할 수 있습니다.

Map 기능은 테이블에 위도와 경도가 영문으로 표기되어 있으면 바로 지도에 표시해 주기 때문에 별도의 작업을 할 필요가 없습니다.

② 메뉴에서 🌍 Map 버튼을 클릭하여 지도를 그립니다.

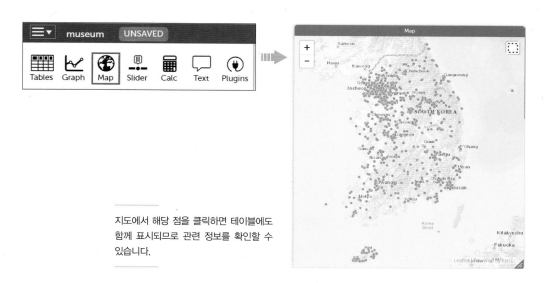

지도에서 해당 점을 클릭하면 테이블에도 함께 표시되므로 관련 정보를 확인할 수 있습니다.

③ 지도를 그려 본 결과 많은 박물관/미술관이 수도권에 집중하여 있으며, 독도나 흑산도에도 박물관/미술관이 있는 것을 알 수 있습니다.

2) 박물관/미술관 구분별로 청소년이 무료로 갈 수 있는 곳은 몇 군데나 있을까요?

박물관/미술관은 국립, 사립, 대학, 공립으로 구분할 수 있습니다. 각 종류별로 얼마나 많은 박물관이 있는지 확인해 봅시다.

① 마우스로 '박물관미술관구분' 속성을 그룹화 구역으로 끌어다 놓습니다.

count(속성 이름, 조건)
속성 이름에 해당하는 값 중 조건에 부합하는 값의 개수를 세는 함수입니다.

② '박물관미술관구분' 속성 옆에 있는 ⊕ 버튼을 눌러 새로운 열을 생성하고, 속성 이름을 '개수'라고 입력합니다.

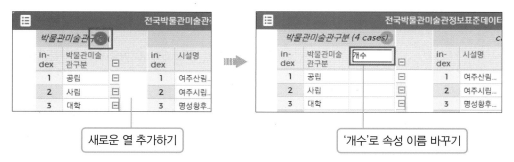

새로운 열 추가하기 / '개수'로 속성 이름 바꾸기

③ '개수' 속성명을 클릭한 후 │ Edit Formula... │를 선택합니다.

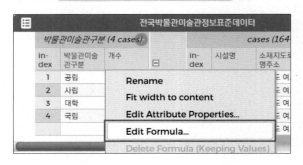

④ │ --- Insert Function --- │ 버튼을 클릭하여 'Statistical Functions' 메뉴를 선택하고,
count(expression, filter) 함수를 불러옵니다.

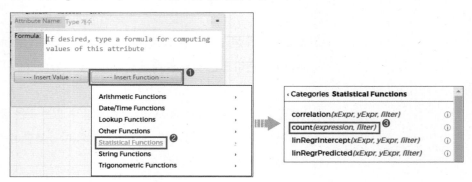

⑤ │ --- Insert Value --- │ 버튼을 클릭하여 개수를 세고자 하는 속성의 이름인 '박물관미술관구분'
을 선택합니다.

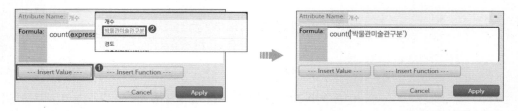

⑥ 바로 이어서 ',(쉼표)'를 입력한 후, 청소년관람료가 무료인 조건을 입력하기 위하여
│ --- Insert Value --- │ 버튼을 다시 클릭하여 '청소년관람료'를 선택한 후 '=0'을 입력합니다.

최종 입력 수식: count('박물관미술관구분', '청소년관람료'=0)

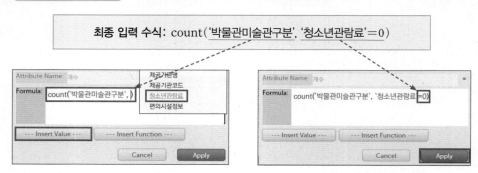

⑦ 결과를 보면 박물관/미술관 중에 청소년이 무료로 갈
수 있는 박물관/미술관은 각 구분별로 오른쪽과 같음
을 알 수 있습니다.

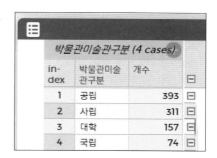

박물관미술관구분 (4 cases)

in-dex	박물관미술관구분	개수
1	공립	393
2	사립	311
3	대학	157
4	국립	74

추가 활동

박물관/미술관 중 청소년관람료가 가장 저렴한 곳(무료 제외)과 가장 비싼 곳을 박물관/미술관 구분
별로 찾아봅시다.
※ [Edit Formula...]－[Statistical Functions]에서 max(속성 이름), min(속성 이름, 조건)
함수를 이용합니다.

▶ 🔢 max('청소년관람료'), min('청소년관람료', '청소년관람료'＞0)

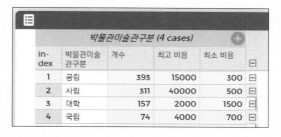

박물관미술관구분 (4 cases)

in-dex	박물관미술관구분	개수	최고 비용	최소 비용
1	공립	393	15000	300
2	사립	311	40000	500
3	대학	157	2000	1500
4	국립	74	4000	700

3) 박물관/미술관은 각 시도별로 몇 군데가 있을까요?

박물관/미술관 데이터셋에는 '소재지도로명주소'는 있지만 각 시도별로 구분이 되지는
않습니다. 이 주소에서 시도만 분리하여 가져온 후 시도별로 박물관/미술관은 각각 몇 군
데나 있는지 확인해 봅시다.

① 데이터 테이블의 가장 오른쪽에 있는 ➕ 버튼을 눌러
새로운 열을 생성하고 속성 이름을 '시도구분'이라고
입력합니다.

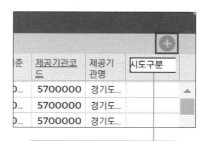

준	제공기관코드	제공기관명	시도구분
0...	5700000	경기도...	
0...	5700000	경기도...	
0...	5700000	경기도...	

새로 추가한 열에 속성 이름을
'시도구분'으로 입력하기

split(속성 이름, 분리 기준 기호, 분리 개수)

＊속성 이름에 해당하는 값을 분리 기준 기호를 중심으로 분리 개수만큼 분리합니다.
＊분리 개수는 작성하지 않아도 되며 기본값이 1입니다.

② '시도구분' 속성명을 클릭한 후 [Edit Formula...] 를 선택하고, [--- Insert Function ---] 버튼을 클릭하여 'String Functions'에서 split( ) 함수를 선택합니다.

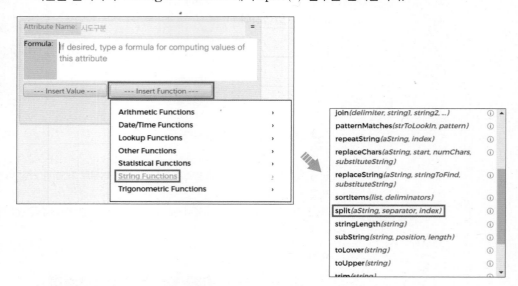

③ [--- Insert Value ---] 버튼을 클릭하여 시도를 분리하고자 하는 속성의 이름인 '소재지도로명주소'를 선택합니다.

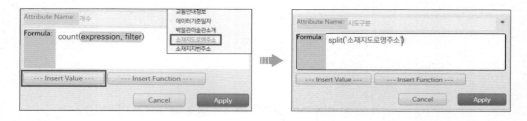

④ 바로 이어서 ',(쉼표)'와 빈칸을 의미하는 ' '를 입력합니다.

• 소재지도로명주소는 '시도 군구 도로명'의 형태로 구성되어 있기 때문에 시도와 군구를 구분하는 빈칸(' ')을 기준으로 구분합니다.

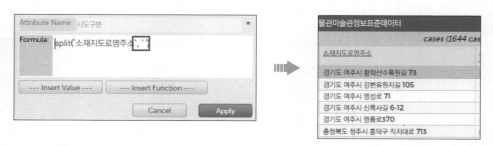

⑤ '시도구분'에 각 시도만 분리되어 저장된 것을 확인할 수 있습니다.

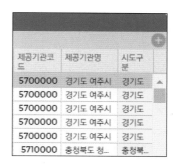

⑥ 그래프를 그려 각 시도별로 박물관/미술관 수를 파악합니다. 이때 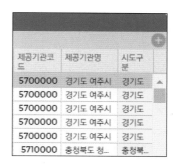 클릭하여 'Count'에 체크를 하면 각 시도별로 해당 개수가 표시됩니다. 서울시에 가장 많은 박물관/미술관이 있으며 그다음이 경기도, 강원도 순인 것을 알 수 있습니다.

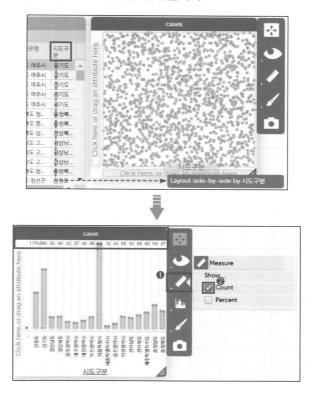

🔍 더 알아보기

　　앞의 그래프에서 강원도 앞의 '.'에 해당하는 항목이 있습니다. 이는 '소재지 도로명 주소'가 빠진 데이터에 해당합니다. 이 데이터들을 클릭하여 표에서 삭제하면 정확한 결과를 확인할 수 있습니다.

데이터를 이용하여 문제를 해결할 때, 컴퓨터가 처리할 수 있는 형태의 데이터인지, 데이터 분석에 활용할 수 있는지 데이터인지를 판단하고 데이터를 처리 가능한 형태로 고칠 수 있어야 합니다. 이를 데이터 전처리(pre-processing)라고 합니다.

1. 데이터 전처리를 하는 이유

- 타인이 수집한 데이터는 내가 사용할 때와 다른 목적을 위해 수집된 경우가 많습니다.
- 데이터 중 문제 해결에 필요한 데이터를 골라내기도 합니다.
- 데이터의 형식을 변환해야 할 때가 있습니다(성별을 '남성', '여성'으로 구분한 경우, 남성을 1, 여성을 0으로 변환).
- 데이터 테이블의 데이터들로부터 새로운 값을 생성해야 할 때가 있습니다.
- 이상치, 결측치 등을 처리해야 합니다.

2. 데이터 전처리 방법

① 결측치 처리

데이터셋을 살펴볼 때 데이터의 값이 없는 경우도 있습니다. 없는 값을 '결측치'라고 부르며, 보통 다음의 네 가지 방법으로 결측치를 처리합니다.

행 삭제	열 삭제
일부 데이터가 없는 경우, 행을 삭제합니다.	특정 열에 결측값이 많은 경우, 열을 삭제합니다.
평균값으로 대체	아무것도 하지 않기
필요한 값인 경우, 평균, 중앙값 등 통곗값으로 대체합니다.	분석 단계에서 상황에 맞게 처리합니다.

② 잘못된 값 처리

값이 잘못된 데이터의 예로는 숫자 형식이어야 하지만 텍스트 형식으로 입력되어 있거나, 항상 양수 값일 수밖에 없는데 음수 값이 입력된 데이터 등이 있습니다. 이런 값들을 그대로 사용할 경우 잘못된 결과를 산출하게 되어 새로운 정보에 영향을 미칩니다. 따라서 이를 삭제할 것인지, 적절한 값으로 대체할 것인지, 분석 단계에서 처리하게 할 것인지 등을 결정해야 합니다.

③ 이상치 처리

틀린 값은 아니지만, 일반적인 데이터의 범위를 벗어나 마치 돌연변이와 같은 역할을 하는 데이터를 말합니다. 이상치의 경우는 점 분포나 히스토그램 등으로 데이터를 시각화하여 찾아낼 수 있습니다.

▲ 이상치를 처리하는 방법-점 분포

데이터의 수가 많지 않은데 이상치가 있는 경우 삭제하면 데이터가 더 작아지는 문제가 발생하기 때문에 삭제하지 않고 다른 값(평균, 중앙값 등)으로 대체할 수 있습니다.

그런데 원래 있는 이상치인 경우 삭제하지 않고, 이 값의 의미를 살펴보는 것이 중요합니다. 예를 들어, 오른쪽 그림과 같이 한쪽으로 가는 물고기들 사이에 이상하게 다른 방향으로 가려는 물고기가 있습니다. 이 경우 물고기를 없애는 대신 이 물고기가 어디로 가려고 하는지 왜 그런지를 파악함으로써 물고기 이동을 이해하는 데 도움이 됩니다.

▲ 이상치를 처리하는 방법-다른 값으로 대체

8 데이터 분석

마트에서 가장 ○○한 물품은?

시장의 형태는 초기에 자유로운 물물 교환이었지만 점차 특정 장소에서 사고파는 형태로 발전하기 시작했습니다. 1800년대 말에는 항구를 통해 외국과 교류하면서 가까운 중국이나 일본 상인들도 한국에 들어와 자국 제품을 팔기도 했습니다. 1990년대 들어서 오늘날의 대형 마트와 편의점이 생겨났고 동네의 작은 구멍가게들이 많이 사라졌습니다.

대형 마트에서는 먹을 것에서부터 입을 것 그리고 각종 전자제품에 이르기까지 정말 다양한 물건이 판매되고 있습니다. 그뿐만 아니라 가격도 매우 저렴한 것부터 매우 비싼 것까지 다양하고, 제품들의 무게도 다양합니다. 과연 대형 마트에 있는 물품들을 분석할 수 있을까요?

📝 이 단원에서는 무엇을 알아볼까?

> 대형 마트에서는 어떤 제품을 팔고 있을까요? 지금까지 배웠던 데이터 분석 방법을 이용하여 대형 마트의 데이터들을 분석해 봅시다.

사용할 도구 알아보기

이번 활동은 데이터 분석의 마지막 활동입니다. 코답에서 데이터를 처리할 수 있는 기능들을 정리해 보도록 합니다.

1. 메뉴 살펴보기

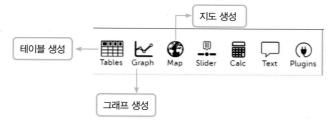

데이터를 처리하는 일부 함수를 소개합니다.
* count(속성 이름, 조건): 조건을 만족하는 속성값의 개수(조건 생략 가능)
* min(속성 이름, 조건)/ max(속성 이름, 조건): 조건을 만족하는 속성값 중 최곳값/최솟값 찾기(조건 생략 가능)
* mean(속성 이름, 조건): 조건을 만족하는 속성값의 평균값(조건 생략 가능)

① 그래프를 그릴 때는 그래프의 x축과 y축에 필요한 속성을 마우스로 끌어다 놓기 합니다.

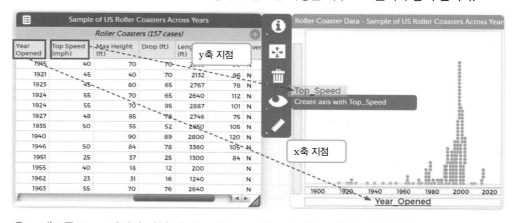

② 그래프를 보고, 데이터 간의 관계를 파악하여 새로운 정보를 찾아 해석합니다.

2. 그룹화

어떤 속성값을 기준으로 그룹을 만들어 비교·분석할 때에는 그룹화 기능을 이용합니다. 테이블의 제일 왼쪽 빈 곳에 그룹화할 속성을 마우스로 끌어다 놓으면 그 값을 기준으로 그룹이 생성됩니다.

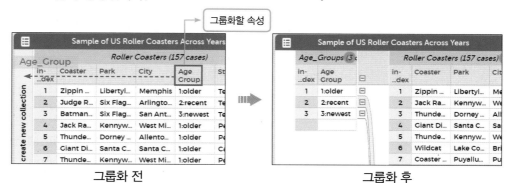

그룹화 전   그룹화 후

3. 함수를 이용하여 데이터 처리하기

데이터값의 개수를 세거나 최곳값, 최솟값, 평균 등을 구할 때는 속성 이름을 클릭한
후 [Edit Formula...] 메뉴로 함수를 이용하여 수식을 완성합니다.

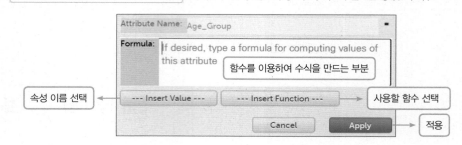

📝 **활동하기** **마트 물품 분석하기**

마트 물품 판매 데이터셋(Big Mart Sale Forecast)을 수집하여 다음의 질문에 답
해 봅시다.

- 어떤 유형의 물품이 가장 많고 가장 적을까?
- 물품 유형별로 가장 비싼 물품과 가장 저렴한 물품의 가격은 얼마일까?
- 가장 높은 판매 금액에 해당하는 물품 유형은 무엇일까?

1. 데이터셋 수집하기

① 분석에 사용할 데이터를 수집하기 위해 캐글(https://www.kaggle.com) 사이트에 접속
합니다.

② Datasets 메뉴를 클릭합니다.

③ 여러 가지 데이터셋 페이지가 나타나면 검색창에 'Big Mart'를 입력하여 검색된 데이터셋
중 'Big Mart Sale Forecast' 마트 물품 판매 데이터셋을 선택합니다.

이 활동에서 사용하는 데이터 셋은 10개의 지점을 운영하는 한 마트에서 판매하는 물품에 대한 정보를 담고 있습니다.

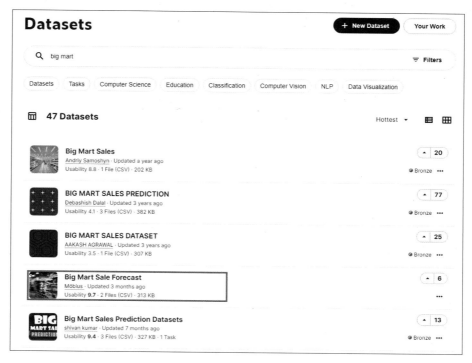

마트 물품 판매 데이터셋 파일은 'test' 데이터와 'train' 데이터 두 가지가 있습니다. 이는 인공지능 모델을 학습시키고 평가할 때 사용하는 데이터로 구분되어 있기 때문이며, 우리는 'train' 데이터만 사용합니다.

④ 데이터셋을 다운로드 받습니다.

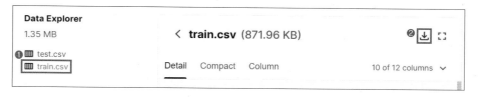

2. 데이터셋을 불러와 속성 확인하기

① 다운로드한 데이터셋을 마우스로 끌어다 놓기 하여 코답으로 업로드합니다. 그런데 데이터가 워낙 많아서 5,000개가 넘으면 처리가 느려질 수 있다는 안내와 함께 데이터를 임의로 5,000개만 선택하도록 권하고 있습니다. [OK] 버튼을 눌러 5,000개만 사용하도록 합니다.

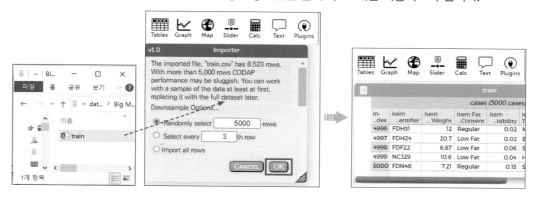

② 데이터셋의 데이터들을 살펴봅니다. 데이터는 총 5,000개이며, 속성은 12개인 것을 알 수 있습니다.

데이터를 임의로 5,000개로 선정하기 때문에 분석 결과가 약간씩 달라질 수 있습니다.

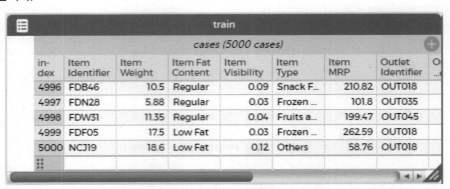

이 데이터는 체인으로 운영하는 한 대형 마트 10개의 매장에서 판매하는 1,559개 물품에 대한 2013년 데이터입니다.

③ 데이터의 속성에 어떤 것들이 있는지 살펴봅니다.

- Item Identifier: 물품 고유 번호
- Item Weight: 물품 무게
- Item Fat Content: 제품의 지방 함유 여부
- Item Visibility: 디스플레이 영역의 비율
- Item Type: 물품 유형
- Item MRP: 물품의 가격
- Outlet Identifier: 매장 고유 번호
- Outlet Establishment Year: 매장 설립 연도
- Outlet Size: 매장 크기
- Outlet Location Type: 매장 위치 유형
- Outlet Type: 매장 유형
- Item Outlet Sales: 판매금액

3. 데이터셋 다루기

데이터셋을 통해 앞에서 제시된 3가지 질문의 답을 찾아봅시다.

1) 어떤 유형의 물품이 가장 많고 가장 적을까?

유형별 판매량을 비교하기 위해 물품 유형에 대한 그래프를 그려 물품 개수를 확인해 봅시다.

① ⎡Graph⎤ 메뉴를 선택하고 마우스로 '물품 유형(Item Type)' 속성을 x축으로 끌어다 놓기 하여

물품 유형별로 등록된 물품의 개수를 확인하는 그래프를 생성합니다.

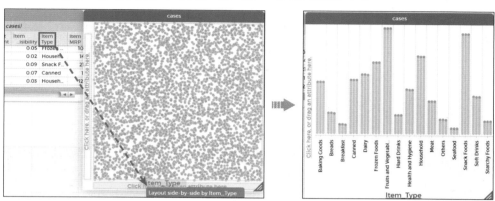

② 완성된 그래프에는 물품 개수가 제시되지 않았으므로 정확한 확인을 위하여 측정자(✎) 도구를 눌러 'Count'를 클릭하여 유형별 물품의 개수를 확인합니다.

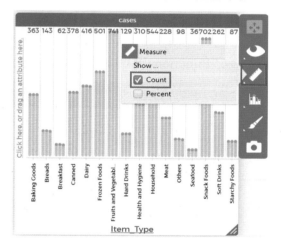

③ 결과를 해석합니다.

 과일 및 채소류가 741종으로 가장 많고, 그다음이 간식류로 702종이 있음을 알 수 있습니다. 또한 가장 적은 것은 해산물로 36종인 것을 알 수 있습니다.

2) 물품 유형별로 가장 비싼 물품과 가장 저렴한 물품의 가격은 얼마일까?

 물품 유형별로 가장 비싼 품목과 가장 저렴한 품목을 확인하기 위해서는 먼저 데이터를 '물품 유형(Item Type)'별로 그룹화하고 max( )와 min( ) 함수를 이용하여 '물품 가격(Item MRP)'의 최곳값과 최솟값을 찾도록 합니다.

① 물품 유형별로 그룹화하기 위해 마우스로 '물품 유형(Item Type)' 속성을 그룹화 영역으로 끌어다 놓기 합니다.

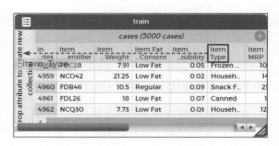

② 물품 가격의 최곳값과 최솟값을 찾을 수 있도록 새로운 속성을 2개 추가하고 각 속성의 이름을 '최곳값', '최솟값'으로 설정합니다.

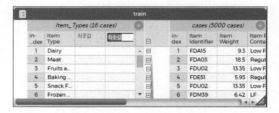

③ 속성명을 클릭하고 [Edit Formula...] 메뉴를 선택하여 [Statistical Functions]에서 다음과 같이 함수를 이용하여 수식을 완성합니다.

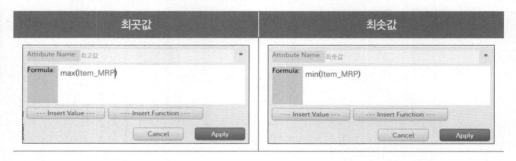

④ x축은 물품 유형(Item Type), y축은 최곳값, 최솟값 속성으로 설정하여 그래프를 그립니다.

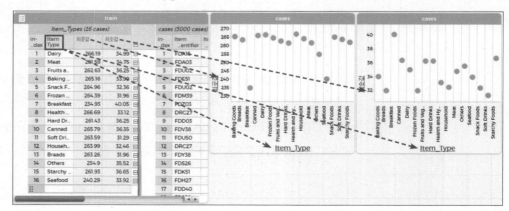

⑤ 그래프를 살펴보고 결과를 해석합니다.

최곳값과 최솟값을 찾아보면 가장 저렴한 것은 음료(Soft Drinks)로 그 값이 31.49인 것을 알 수 있으며, 가장 비싼 물품은 유제품(Dairy)으로 그 값이 266.9인 것을 확인할 수 있습니다.

3) 가장 높은 판매 금액에 해당하는 물품 유형은 무엇일까?

가장 높은 '판매 금액(Item Outlet Sales)'에 해당하는 물품 유형을 확인하기 위해서는 max( ) 함수를 이용하여 '판매 금액(Item Outlet Sales)'의 최댓값을 찾도록 합니다.

① '물품 유형(Item Type)' 옆에 '최고 판매 금액'이라는 이름의 새로운 속성을 만듭니다.

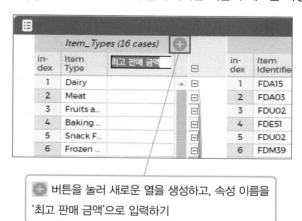

⊕ 버튼을 눌러 새로운 열을 생성하고, 속성 이름을 '최고 판매 금액'으로 입력하기

② '최고 판매 금액' 속성을 클릭하여 [Edit Formula...] 메뉴를 선택하여 [Statistical Functions]에서 다음과 같이 함수를 이용하여 수식을 완성합니다.

③ 다음과 같이 x축은 '물품 유형(Item Type)', y축은 '최고 판매 금액'을 마우스로 끌어다 놓기하여 그래프를 생성합니다.

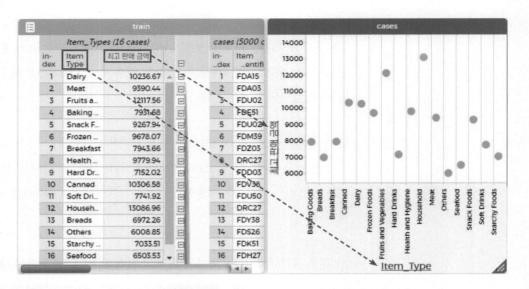

④ 가장 높은 금액에 해당하는 점에 마우스를 올려 값을 확인하고 결과를 해석합니다.

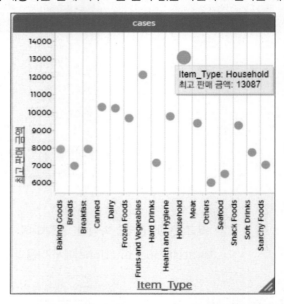

　　최고의 판매 금액은 가정용품(Household)이고 최고 판매 금액은 13087(테이블로 확인할 경우 13086.96)임을 확인할 수 있습니다.

깊이 이해하기 **데이터를 수집·분석할 때 편향을 주의하라!**

　데이터를 이용하여 문제를 해결하다 보면 어떤 데이터를 사용하느냐에 따라 다른 결과가 산출되기도 하고, 그 데이터를 어떤 방식으로 수집하였는가에 따라 한쪽으로 치우친 결과를 낳기도 합니다. 이처럼 특정 방향으로 치우친 결과를 낳게 되는 것을 데이터 편향성이라고 합니다.

　예를 들어, 미국의 한 지역 경찰들이 백인 거주 지역에 비해 흑인이 거주하는 지역을 더 많이 순찰하면서 많은 범인을 잡았다고 가정해 봅시다. 범죄율 통계를 내면 흑인 지역의 범죄율이 상대적으로 높아 보이게 됩니다. 이는 올바른 데이터 분석 결과라고 할 수 있을까요? 당연히 잘못된 분석입니다. 그렇다면 데이터가 편향되는 결과는 왜 생기는지 살펴봅시다.

1. 데이터가 부족하면 발생합니다.

　청소년의 평균 키와 몸무게에 대한 정보를 얻기 위해 데이터를 분석한다고 가정해 봅시다. 남학생의 데이터는 많지만, 여학생의 데이터는 거의 없을 때, 여학생은 수집된 일부에 의해서 정보가 결정되게 됩니다. 이때, 이 여학생들의 키가 유난히도 큰 학생들이었다면 어떻게 될까요?

2. 데이터의 정리가 잘 되지 않았을 때 발생합니다.

　데이터는 컴퓨터가 처리할 수 있는 형태로 잘 정리되어 있어야 하며, 잘못된 값이 포함되어 있지 않아야 합니다. 청소년의 평균 키를 분석하는 데 어떤 학생은 183cm, 어떤 학생은 183, 어떤 학생은 1830mm라고 되어 있다면 어떻게 될까요?

잘못된 데이터는 모든 결과에 잘못된 영향을 미친다.

잘못된 데이터로 인해, 모든 결과물이 못쓰게 될 수 있어요.

3. 사람의 편견에 의해 발생합니다.

사람은 살아온 환경이나 문화에 따라 다른 관점으로 생각하고 판단합니다. 예를 들어 어른 공경은 서양 사람들보다 동양 사람들이 더 중요하게 생각합니다. 그런데 대한민국 사람들의 생각이 전 세계 사람들의 생각을 대표할 것으로 생각하고 의견을 수집·분석한 후 전 세계 사람들의 의견을 대표한다고 주장하면 그 결과는 어떻게 될까요?

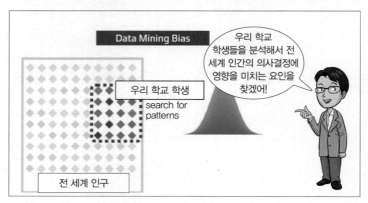

어떻게 하면 데이터의 편향을 줄일 수 있을까요? 여러분의 생각을 작성하고 친구와 공유해 봅시다.

내 생각	친구의 생각

읽어 보기 **데이터 시각화의 함정**

데이터를 시각화하여 결과를 간혹 사람마다 다르게 해석하는 때가 있습니다. 데이터가 거짓말을 하는 것일까요? 데이터 시각화의 함정에 빠지지 않고 현명하게 대처하는 방법을 살펴봅시다.

1. 얼마나 향상되고 있는 것일까요?

다음의 막대 그래프를 살펴보면 왼쪽 그래프는 급격히 상승했고, 오른쪽 그래프는 완만한 상승을 보입니다. 이 그래프가 성적 그래프라면 왼쪽 학생의 성적이 극적으로 많이 오른 것으로 판단할 것입니다.

그러나 y축의 숫자를 살펴봅시다. 왼쪽 그래프는 10부터 시작하고, 오른쪽 그래프는 0부터 시작합니다. 왼쪽 그래프와 오른쪽 그래프 모두 같은 그래프입니다. 실제로 더 큰 변화가 있음을 보여 주기 위해 왼쪽 그림을 사용한다면 기울기 변화에 속지 않아야 합니다.

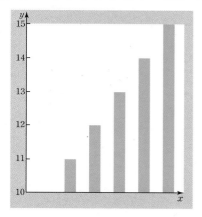 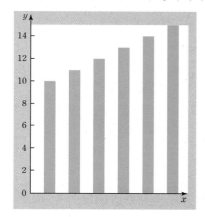

2. 그래프에서는 무엇이 함정일까요?

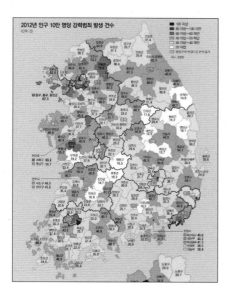

오른쪽 지도 그래프는 범죄 발생 인구 분포를 나타냅니다. 범죄 발생 건수가 다른 도시보다 많다고 해서 무조건 위험하다고 할 수는 없습니다. 왜냐하면, 사람이 많이 사는 곳에서는 범죄가 자주 발생할 수 있지만, 인구가 적은 곳에서는 범죄 발생 건수가 적을 수 있기 때문입니다. 따라서 모든 것이 상대적인 부분이 있으므로 주어진 수치를 그대로 믿는 것은 위험합니다.

Part III

인공지능 원리와 활용

사용할 도구 알아보기

엔트리에서 제공하는 인공지능 블록에는 [비디오 감지]와 [읽어주기] 기능이 있습니다. [비디오 감지] 기능은 사진 또는 카메라를 통해 시각 자료를 받아들이고, 시각 자료로부터 얼굴 영역을 분리한 후 얼굴의 특징을 추출하고 판단을 합니다. 이미 엔트리 프로그램에서 수많은 얼굴 사진을 미리 학습하여 놨기에 사람의 얼굴만 보고도 어느 감정에 해당하는지를 판단할 수 있습니다. [읽어주기] 기능은 입력된 글자 값을 설정된 목소리로 출력하는 기능을 제공합니다.

① 엔트리 사이트에 접속하여 로그인 후 [만들기]-[작품 만들기] 메뉴를 클릭합니다.

[인공지능 블록 불러오기]는 번역, 비디오 감지, 오디오 입력, 읽어주기 기능을 제공합니다.

② 인공지능 모델을 불러오기 위해 [블록]-[인공지능]을 선택하여 [인공지능 블록 불러오기]를 클릭합니다. 그리고 [비디오 감지]와 [읽어주기]를 선택하고, [추가] 버튼을 클릭합니다.

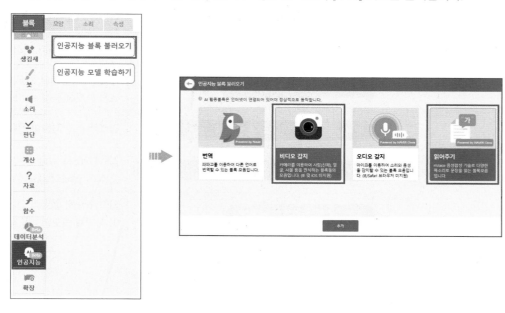

③ 다음과 같이 인공지능 프로그램에서 활용할 수 있는 [비디오 감지] 블록들을 확인할 수 있습니다.

비디오 화면 보이기 ▼	컴퓨터에 연결된 카메라에 촬영되는 화면을 실행화면에 보이게 하거나 숨깁니다.
LG Camera (04f2:b678▼ 카메라로 바꾸기	사용할 카메라를 선택할 수 있습니다.
비디오가 연결되었는가?	컴퓨터에 카메라가 연결된 경우 '참'으로 판단합니다.

`비디오 화면 좌우▼ 뒤집기`	촬영되는 화면을 좌우 혹은 상하로 뒤집을 수 있습니다.
`비디오 투명도 효과를 0 으로 정하기`	촬영되는 화면의 투명도 효과를 입력한 값(0~100)으로 정합니다.
`자신▼ 에서 감지한 움직임▼ 값`	선택한 오브젝트 또는 실행 화면 위에서 감지되는 움직임 혹은 방향 값입니다(움직임이 크고 빠를수록 값이 커지며, 방향은 오른쪽 혹은 위쪽으로 움직일 때 양수, 왼쪽 혹은 아래쪽으로 움직일 때 음수입니다).
`사람▼ 인식 시작하기▼`	선택한 인식 모델을 동작하거나 중지시킵니다(사람 인식은 사람의 몸을 인식하여 각 신체 부위의 위치를 알 수 있으며, 얼굴 인식은 사람의 얼굴을 인식하여 눈, 코, 입, 귀의 위치나 예상되는 성별, 나이, 감정을 알 수 있습니다. 사물 인식은 인식된 사물의 종류를 알 수 있습니다).
`사람▼ 인식이 되었는가?`	사람/얼굴/사물 인식이 된 경우 '참'으로 판단합니다.
`사물 중 사람▼ (이)가 인식되었는가?`	선택한 사물이 인식된 경우 '참'으로 판단합니다.
`인식된 사람▼ 의 수`	인식된 사람/얼굴/사물의 개수입니다.
`인식된 사람▼ 보이기▼`	인식된 사람/얼굴/사물의 위치와 순서를 실행 화면에 보이게 하거나 숨길 수 있습니다.
`1▼ 번째 사람의 얼굴▼ 의 x▼ 좌표`	입력한 순서 사람의 선택된 신체 부위의 위칫값입니다.
`1▼ 번째 얼굴의 왼쪽 눈▼ 의 x▼ 좌표`	입력한 순서 얼굴 중 선택된 얼굴 부위의 위칫값입니다(인식이 잘되지 않으면 0을 출력합니다).
`1▼ 번째 얼굴의 성별▼`	입력한 순서 얼굴의 성별/나이/감정의 추정값입니다(인식이 잘되지 않으면 0을 출력합니다).

🔍 더 알아보기   기능 살펴보기

`엔트리 읽어주기`	입력한 문자 값을 설정된 목소리로 읽어 주며, 입력은 2500자까지 가능합니다.
`엔트리 읽어주고 기다리기`	입력한 문자 값을 읽어 준 후 다음 블록을 실행합니다.
`여성▼ 목소리를 보통▼ 속도 보통▼ 음높이로 설정하기`	선택한 목소리가 선택한 속도와 선택한 음높이로 설정됩니다.

활동하기 얼굴 인식을 통해 감정을 읽어 주는 인공지능 프로그램 만들기

1. 문제 상황

인공지능이 사람의 얼굴을 인식하여 기분과 감정을 파악해서 공감하는 말을 해 줄 수 있을까?

2. 문제 분석 및 해결 과정

문제 정의	얼굴의 감정을 파악하여 기분에 따라 공감하는 말을 해 주는 인공지능 프로그램 만들기

↓

기분에 따른 공감하는 말 정하기	얼굴을 보고 파악한 감정에 따라 공감하는 말 정하기

↓

프로그램 구현하기	문제 상황 시 해결 방법을 알려 주는 프로그램 작성

3. 기분에 따른 공감하는 말 정하기

아래와 같이 프로그램을 작성하고 실행한 후 출력되는 감정들을 적어 보고 감정에 공감하는 말을 정해 봅시다.

파악한 감정에 공감하는 말 정하기

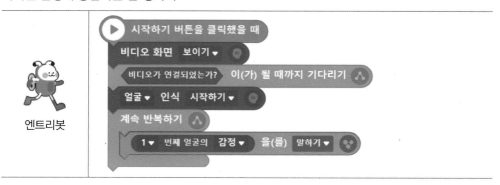

엔트리봇

행복	행복한 일이 있으셨나 봐요~ 그 기분 계속 이어지길 바라요.
무표정	(무표정은 공감하는 말을 안 해요.)
슬픔	슬픈 일이 있으셨나 봐요. 슬플 땐 밝은 음악을 추천해요.
분노	화가 나실 땐 맛있는 음식으로 기분을 바꿔 보시는 건 어떨까요?

감정을 여러 번(10회) 확인하면 얼굴에서 감정 확인 오류를 줄일 수 있습니다.

4. 프로그램 구현

프로그램이 실행되면 얼굴 인식을 시작하여 얼굴에서 감정을 파악하고 감정에 따라 공감하는 말을 하는 프로그램을 구현해 보겠습니다. 감정은 '행복', '슬픔', '분노'를 파악하며 10번 중 가장 많이 나타난 감정을 최종 감정으로 결정한 후 그 결정에 해당하는 감정에 공감하는 말을 [읽어주기] 기능을 이용하여 출력하고자 합니다.

① 실행 화면 설계: 다음과 같이 화면 구성 및 필요한 변수, 오브젝트, 신호, 소리 등을 설정합니다.

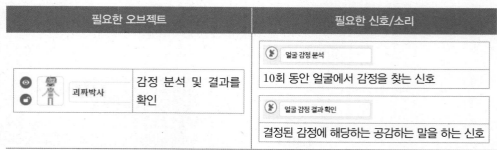

② 읽어주기/비디오 감지 인공지능 블록 추가하기: 얼굴 감정을 파악하기 위해 [비디오 감지] 기능을, 공감하는 말을 전하기 위해 [읽어주기] 기능을 추가합니다.

③ 얼굴 감정 분석하기: 얼굴 감정 분석하기 신호를 받으면 '분석 횟수' 값이 10이 될 때까지 계속 얼굴 속 감정을 파악합니다. 감정이 '행복'이면 '행복' 값에 1을 더하는 것처럼 '슬픔'과 '분노' 등에 대한 감정일 때마다 각각 1을 더합니다.

④ 얼굴 감정 분석 결과에 따라 공감하는 말 전하기: 얼굴 감정 결과 확인 신호를 받으면 '행복', '분노', '슬픔' 중 가장 큰 값을 찾아서 그 감정에 해당하는 말을 [~읽어주고 기다리기] 블록을 이용하여 출력합니다.

※ 동점인 경우에는 행복, 분노, 슬픔 순서처럼 우선순위를 둘 수 있습니다.

⑤ 반복하여 프로그램 실행하기: 프로그램이 시작되면 비디오가 연결될 때까지 기다린 후 비디오 실행 화면에서 얼굴 인식을 시작합니다. 그리고 '계속 반복하기' 블록을 이용하여 각 변수들의 값을 0으로 초기화한 후 '얼굴 감정 분석' 신호와 '얼굴 감정 결과 확인' 신호를 호출합니다.

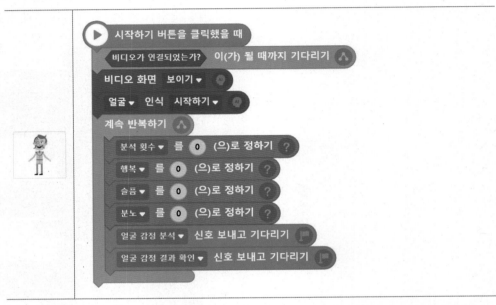

⑥ 평가 및 수정: 프로그램을 실행했을 때 앞에서 문제점이 없는지 확인합니다. 만약 문제가 발생한다면 정상적으로 프로그램이 작동할 수 있도록 프로그램을 수정합니다.

🔍 더 알아보기   감정 분석 결과에 따라 음악이나 유튜브를 추천하기

감정 분석 결과에 따라 공감의 말을 전한 후, 해당 감정에 따라 음악이나 유튜브를 추천하는 프로그램을 추가해 봅니다.

깊이 이해하기 | **인식**

1. 컴퓨터 비전(Computer Vision)

인공지능은 세상을 보기 위해 컴퓨터 비전(Computer Vision)을 이용합니다. 컴퓨터 비전은 컴퓨터에 시각을 부여해 이미지를 분석함으로써 유용한 정보를 생성하는 기술입니다. 컴퓨터 비전 기술은 인공지능 분야에서 핵심적인 기술로 제조, 의료, 서비스, 금융, 보안 등의 산업에서 활발히 활용되고 있습니다.

▲ 컴퓨터 비전의 실생활 적용 사례

2. 음성 인식(Speech Recognition)

음성 인식이란 사람이 말하는 언어를 컴퓨터가 해석해 그 내용을 문자로 변환하는 기술을 말합니다. 음성을 인식하기 위해서는 잡음을 제거하고 소리를 바로잡는 기술, 음성을 텍스트로 변환하는 기술이 필요합니다. 또 인공지능이 사람의 말을 이해하고 처리할 수 있는 언어의 이해가 필요합니다. 인공지능 스피커에 날씨나 뉴스 등을 묻거나, 각종 기기와 연결하여 TV와 에어컨 등을 제어할 수 있는 것 역시 음성 인식의 발달로 가능해졌습니다.

▲ 스마트폰 음성 인식 사례

10 규칙 기반 추론과 전문가 시스템

인공지능이 전문가의 역할을 한다면?

컴퓨터를 사용하다 보면 간혹 뭐가 문제인지 컴퓨터가 켜지지 않을 때가 있습니다. 이럴 땐 전문가가 나타나서 어떻게 해결하는지 알려 주면 좋겠다는 생각이 듭니다. 초기의 인공지능은 스스로 학습하는 최근의 인공지능과 달리 사람 전문가가 가진 지식과 경험대로 판단할 수 있도록 사례를 명령으로 정해 주었습니다. 과거의 인공지능은 어떻게 작동할 수 있었던 것일까요?

컴퓨터가 켜지지 않으면 인공지능 전문가는 어떻게 동작하는지 살펴봅시다.

📝 **이 단원에서는 무엇을 알아볼까?**

컴퓨터가 켜지지 않을 때 어떤 처방을 내릴 수 있을까요? 사람의 전문적 지식을 이용하여 처방해 주는 인공지능 프로그램을 만들어 봅시다.

사용할 도구 알아보기

초기 인공지능에서는 전문가의 지식을 if~then 형식으로 표현하였습니다. 즉, "만약 ~라면 ~로 하라."라는 형식으로 구성된 것입니다.

엔트리에는 조건 만족 여부에 따라 서로 다른 명령을 처리할 수 있는 다음의 명령 블록이 있습니다.

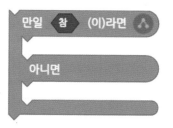

위 명령 블록을 이용하여 컴퓨터가 켜지지 않을 때 대처 방식을 알려 주는 초기 인공지능 전문가 시스템을 완성하여 봅시다.

사용 도구: 엔트리

① 엔트리(https://playentry.org)에 접속한 후 [만들기]─[작품 만들기] 메뉴를 클릭합니다.

entry	학습하기	만들기	공유하기
엔트리는?	엔트리 학습하기	**작품 만들기**	작품 공유하기
자주하는 질문	교과서 학습하기	교과용 만들기 (실과)	학급 공유하기
다운로드	교육 자료	오픈 강의 만들기	
	오픈 강의	학급 만들기	
	우리 반 학습하기		

② [블록]─[흐름] 메뉴를 선택한 후 다음의 선택 명령 블록 중 문제 상황에 따라 선택하여 문제를 해결합니다.

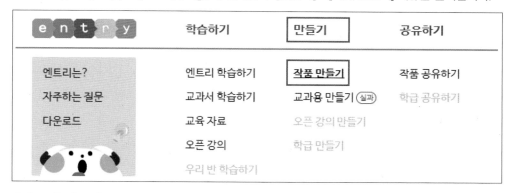

조건을 만족할 때만 특정 작업을 처리하는 명령어 블록

또는

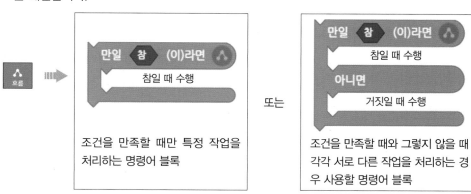

조건을 만족할 때와 그렇지 않을 때 각각 서로 다른 작업을 처리하는 경우 사용할 명령어 블록

컴퓨터가 켜지지 않는 문제를 해결하는 전문가 시스템 제작하기

다음과 같은 과정을 통해 문제 상황 분석부터 전문가 시스템 활용까지 따라 해 봅시다.

1. 문제 상황

2. 문제 분석 및 해결 과정

문제 정의	컴퓨터가 켜지지 않는 문제를 진단하고 처방하는 전문가 시스템 구현하기
추론 규칙 생성	문제 상황에 대한 진단 및 처방 과정을 규칙으로 표현하기
프로그래밍	문제 상황 시 해결 방법을 알려 주는 프로그램 작성하기
전문가 시스템 활용	문제 발생 시 해결 방법을 묻고 답을 얻는 프로그램 활용하기

| 학습에 도움이 되는 추천
영상 QR 코드

지식 표현

3. 추론 규칙 생성

전문가 시스템은 전문가의 지식과 경험이 규칙으로 표현됩니다. 예를 들어 컴퓨터 전원이 켜지지 않으면, 다음과 같은 규칙을 통해 처방할 수 있습니다.

> 만약 컴퓨터 전원이 켜지지 않는다면, 전원 케이블이 제대로 꽂혔는지 확인하도록 안내한다.

문제 해결 방법을 안내하기 위해 위와 같은 방식을 토대로 다음과 같이 규칙을 생성할 수 있습니다.

추론 규칙 만들기

- 만약 컴퓨터 본체에 전원이 켜지지 않았다면, 전원 코드가 제대로 연결되어 있는지 확인하도록 안내한다.
- 만약 컴퓨터 본체에 전원이 켜져 있고 모니터의 전원이 켜지지 않았다면, 모니터의 전원을 연결하도록 안내한다.
- 만약 컴퓨터 본체에 전원이 켜져 있고 모니터의 전원도 켜져 있지만 본체에 모니터를 연결하는 케이블이 제대로 연결되지 않았다면, 케이블로 연결하도록 안내한다.
- 만약 컴퓨터 본체와 모니터 전원이 켜져 있고, 본체와 모니터를 연결하는 케이블 접촉에 문제가 없다면, A/S 센터에 컴퓨터를 맡기도록 안내한다.

그리고 이 규칙은 다음과 같이 의사 결정 트리 형태로 간단하게 구성할 수 있습니다. 색칠한 사각형의 내용은 진단 과정에서 필요한 질문이며, 흰색 사각형의 내용은 응답에 따라 처방한 내용입니다.

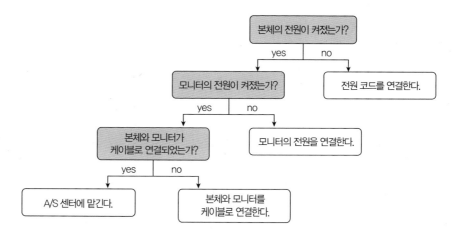

4. 프로그램 구현

프로그램을 통해 생성 규칙을 구현하도록 합니다. 먼저 사용자에게 질의하고, '예/아니요'의 답변을 받습니다. 또한, 그 응답에 따라 서로 다른 처방을 하도록 프로그램을 구성합니다.

① 먼저 첫 번째 질문을 던지고 사용자의 응답을 받습니다.

② 앞에서 만든 의사 결정 트리를 토대로 프로그램을 구현합니다.

5. 전문가 시스템 활용

완성한 프로그램을 실행하면 대답에 사용자의 응답이 저장되고, 응답에 따라 진단을 위한 또 다른 질문이나 처방을 제시합니다. 이렇게 전문가의 지식을 규칙에 따라 프로그램으로 만든 후 전문 지식이 부족할 수 있는 사용자들이 질의하면 그에 맞는 응답을 해 주는 것이 초창기 인공지능이었으며, 이를 바로 전문가 시스템이라고 부릅니다.

| ▲ 실행 시작 | ▲ 실행 중 | ▲ 실행 결과 |

깊이 이해하기   전문가 시스템

몸이 아프면 의료 분야의 전문적인 지식을 얻고 치유하기 위해 의사에게 가고, 자동차가 고장 나면 자동차 분야의 전문적인 지식을 얻고 수리를 위해 정비공에게 갑니다. 이처럼 전문가의 역할은 매우 큽니다.

인공지능에서 전문가 시스템은 사람 전문가의 의사 결정 능력을 모방하여 만든 컴퓨팅 시스템입니다. 지식과 규칙을 적용하여 지식에 대한 추론을 통해 복잡한 문제를 해결하도록 설계되어 있습니다.

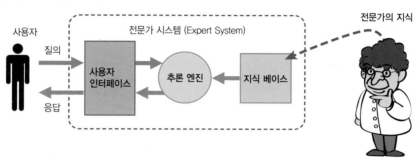

- **사용자 인터페이스**: 사용자에게 질문을 제시하고 사용자의 응답을 입력받습니다.
- **추론 엔진**: 적절한 답변을 제공하기 위해 전문가의 지식에 기반한 데이터와 사용자의 입력을 일치시키는 시스템입니다. 추론 규칙인 If ~ then을 이용하여 만듭니다.

MYCIN은 1972~1980년에 사용된 전문가 시스템으로 널리 알려진 모델입니다. 스탠퍼드 대학의 의대생이 의사들의 도움을 받아 환자에게 처방할 항생제를 조언하도록 설계한 시스템인데, 환자별로 감염된 질병과 체중에 따라 다른 항생제를 처방하도록 만들었습니다. 실제로는 의사보다도 훨씬 낮은 오진율을 보였다고 하니 그 당시 일반인들이 보기에 사람의 지능적인 일을 대신하는 컴퓨터가 매우 신기했을 듯합니다.

확인해 보기

주변에서 전문가 시스템의 사례를 체험해 봅시다.

▶ 자신과 맞는 견종 찾기

http://www.exsyssoftware.com/CORVID/corvidsr?KBNAME=../Dogs/Dogs.CVR

11 기계학습의 동작 원리

기계는 어떻게 학습을 할까?

사용자가 제시된 단어, 즉 주제에 대한 그림을 그리면 인공지능은 그 그림이 무엇인지 맞히는 퀵드로우(https://quickdraw.withgoogle.com)란 게임이 있습니다. 퀵드로우 게임을 체험하면서 인공지능이 어떻게 이용자가 그린 그림이 무엇인지 맞힐 수 있는지 생각해 봅시다.

머신 러닝 기술이 학습을 통해 낙서를 인식할 수 있을까요?
여러분의 그림으로 머신 러닝의 학습을 도와주세요. Google은 머신 러닝 연구를 위해 세계 최대의 낙서 데이터 세트를 오픈소스로 공유합니다

[게임 방법] 퀵드로우는 300여 개의 그림 중 무작위로 선정한 6개의 주제를 순서대로 제시하고, 주제마다 20초 안에 마우스로 그림을 그리는 게임입니다. 인공지능은 그림이 그려지는 도중에 사용자가 그린 그림이 주제와 맞는지를 체크합니다. 6개의 문제를 모두 푼 후에는 인공지능이 맞힌 정답의 개수와 인식하지 못한 그림을 무엇으로 생각했었는지 보여 줍니다.

퀵드로우는 무작위로 제시되는 사물 또는 개념을 사용자가 그림으로 그리면 신경망을 사용하여 어떤 그림인지 추측하는 기계학습으로 제작된 게임입니다. 퀵드로우는 이미 340여 종류의 그림을 학습했으며, 사용자들이 게임을 할수록 그들이 그린 그림 혹은 낙서 데이터가 수집되고 있어서 이미지 인식의 정확도가 높아집니다.

📝 이 단원에서는 무엇을 알아볼까?

> 인공지능은 어떻게 사용자가 그린 그림을 맞힐 수 있을까요? 인공지능이 학습하는 방법을 이해하고 간단하게 사물이나 개념을 분류해 주는 인공지능 프로그램을 만들어 봅시다.

사용할 도구 알아보기

    티처블 머신(https://teachablemachine.withgoogle.com)은 인공지능 모델을 만들 수 있는 웹 기반 학습 도구로, 이미지, 소리, 자세 데이터 등을 수집하고 학습시켜 모델을 생성한 후 저장하여 활용할 수 있습니다.

① 웹 브라우저의 주소 창에 다음 URL을 입력하여 티처블 머신 사이트에 접속한 후
    `Get Started` 를 클릭합니다.

> https://teachablemachine.withgoogle.com

② 티처블 머신은 이미지, 소리, 자세(Poses) 등을 인식하여 학습 후 머신 러닝 모델을 만들 수 있습니다. 세 가지 프로젝트 중 원하는 프로젝트를 선택합니다.

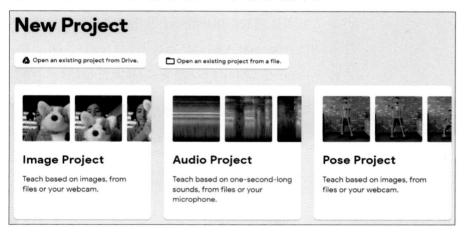

③ 프로젝트(Project)는 샘플 데이터 수집, 학습(Training), 미리 보기(Preview) 과정으로 이루어져 있습니다. 예를 들어 이미지 학습을 하려면, [데이터 수집] → [학습] → [미리 보기] 순으로 진행합니다.

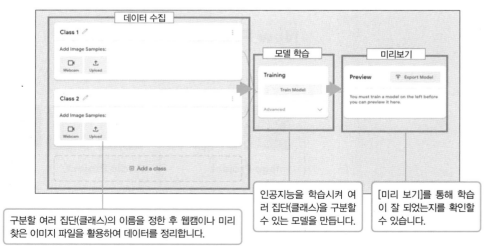

손가락 숫자 세는 인공지능 모델 만들기

1. 문제 상황

2. 손가락 숫자 세기 모델 만들기

티처블 머신을 이용하여 숫자 세기 모델을 만들어 봅시다.

① 티처블 머신 접속하기: 크롬 브라우저에서 'https://teachablemachine.withgoogle. com'을 입력하여 티처블 머신 사이트에 접속한 후 [Get Started] 를 클릭합니다.

② 프로젝트 선택하기: 손가락 숫자를 구분하는 모델을 만들기 위해 'Image Project'를 클릭합니다.

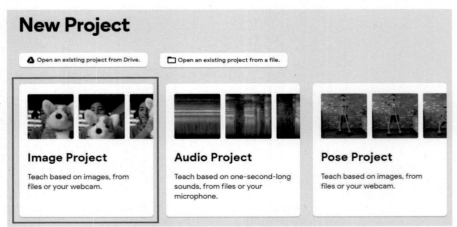

손가락 숫자 모양을 0부터 5
까지 모두 확인하려면 클래스
를 6개 만들고, 각각 0부터 5
에 해당하는 이미지 데이터를
넣어 주면 됩니다.

③ 손가락 숫자 모양 데이터 수집하기: 손가락 숫자 0, 1, 2의 이미지 데이터는 '0, 1, 2 클
래스 만들기' → '각 클래스에 이미지 저장하기' 과정을 거쳐 수집합니다.

0, 1, 2 클래스 만들기

0, 1, 2 숫자를 분류하려면, 3개의 클래스가 필요하므로 '클래스 추가'를 한 번씩 눌러 총 3개를 만든 후
각 클래스의 이름을 '0', '1', '2'로 입력합니다.

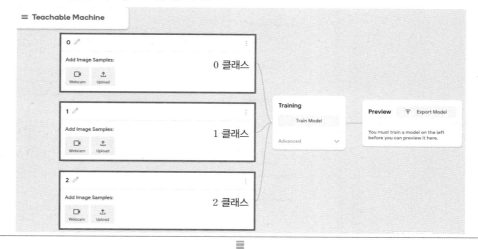

각 클래스에 이미지 저장하기(웹 카메라로 촬영한 경우)

웹 카메라가 있으면 직접 [0] 클래스의 Webcam 을 클릭하
고, 손 모양은 주먹을 쥔 상태에서 Hold to Record
를 10회 이상 눌러 주먹 이미지, 즉 '0'에 해당하는 이미
지 데이터를 수집합니다.

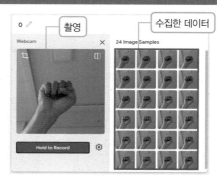

[0] 클래스

위와 같은 방법으로 [1] 클래스와 [2] 클래스에도 관련
이미지들을 수집합니다.

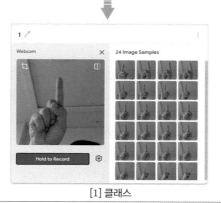

[1] 클래스

[2] 클래스

④ 이미지 학습시키기: 클래스별로 데이터가 모두 준비되었다면 [Train Model] (모델 학습)
   버튼을 눌러 학습을 시작합니다.

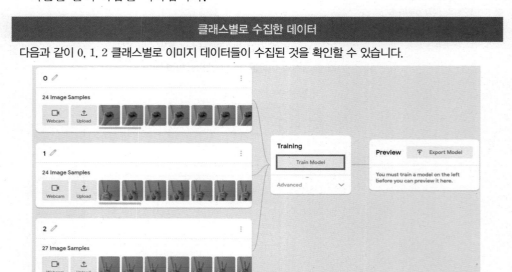

클래스별로 수집한 데이터

다음과 같이 0, 1, 2 클래스별로 이미지 데이터들이 수집된 것을 확인할 수 있습니다.

⑤ 학습 결과 테스트하기: 학습이 완료되면 미리 보기 기능인 [⬆ Export Model]을 이용하여 모델
   학습 결과를 테스트할 수 있습니다. 완성된 모델이 손가락 숫자 0, 1, 2를 분류할 수
   있는지 확인해 봅니다.

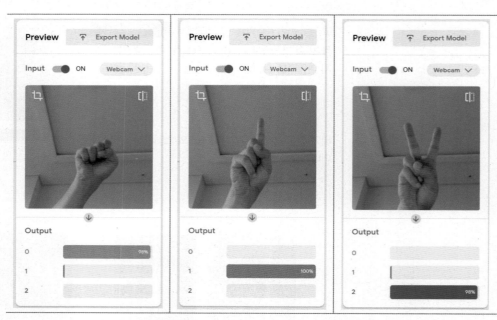

※ 이미지가 많을수록 모델의 정확도 또한 높아집니다. 이때, 데이터가 많을수록 학습 시간은 더 많이 소요
   되지만, 가급적 많은 이미지 데이터를 입력하고 학습시켜야 더 정확하게 분류할 수 있습니다.

깊이 이해하기   기계학습

기계학습(Machine Learning)은 사람이 지시하는 명령 없이도 학습된 데이터를 바탕으로 성능을 발전시키는 인공지능 분야의 연구 과제 중 하나입니다. 자연어 이해, 음성 인식, 자율 주행 등과 같은 문제 해결을 위한 알고리즘을 만들 때와 같이 주로 인간이 직접 설계하기 어려운 분야에 사용하고 있습니다.

인공지능(Artificial Intelligence) 인간이 가진 지적 능력을 컴퓨터를 통해 구현하는 기술

인공

인간이 자연적으로 수행하는 학습 능력과 같은 기능을 컴퓨터에서 실현하려는 기술

컴퓨터 비전

인간의 시각적인 인식 능력을 컴퓨터가 동일하게 구현하는 기술

자연어 처리

컴퓨터를 이용하여 인간 언어의 이해, 생성 및 분석을 다루는 인공 기술

기계학습은 학습 방법에 따라 크게 지도 학습과 비지도 학습으로 나뉩니다. 먼저 지도 학습은 데이터와 함께 데이터에 대한 정답에 해당하는 레이블을 제공하여 학습시키는 방법으로 분류하는 모델을 만들 수 있습니다. 비지도 학습은 정답에 해당하는 레이블 없이 데이터만 주고 학습시키는 방법으로 군집 모델을 만들 수 있습니다.

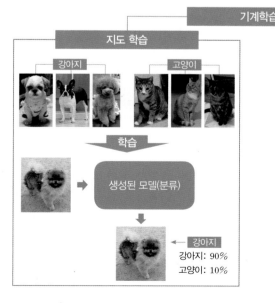

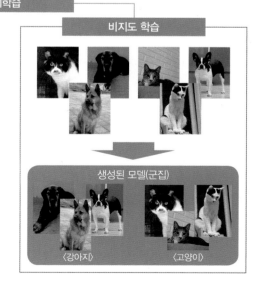

12 지도 학습 – 이미지 분류

급식실의 혼잡도를 실시간으로 알 수는 없을까?

학생들은 오늘도 점심시간을 알리는 종이 울리자마자 급식을 먹기 위해 급식실로 달려 갑니다. 급식실은 조금만 늦어도 급식 받는 줄이 길게 늘어져 있고, 앉을 자리도 없어서 계속 기다려야 하는 시간이 아깝기까지 합니다. 교실에서 공부하면서 수시로 급식실의 혼잡도를 확인하여 그곳이 한가한지 아닌지를 확인할 방법은 없을까요?

이 단원에서는 무엇을 알아볼까?

교실에서 급식실의 상태를 수시로 확인해서 알려 주는 방법에는 무엇이 있을까요? 카메라를 설치할 수 있지만, 비용이 많이 드는 탓에 급식실의 혼잡도를 계속 알려 주는 인공지능 프로그램을 만들어 봅시다.

사용할 도구 알아보기

엔트리에서 데이터 분석과 인공지능은 온라인상에서만 가능합니다.

　　이미지 데이터를 이용하여 이미지 분류 모델을 만드는 다양한 플랫폼이 있지만, 프로그램의 연계성을 고려하여 엔트리의 인공지능 모델 학습하기에서 '분류: 이미지'를 이용하여 이미지 분류 모델을 만들도록 합니다.

　　분류하고자 하는 클래스마다 최소 5개의 이미지가 필요하며 이미지 데이터는 카메라로 직접 촬영하여 데이터를 수집하거나, 미리 수집한 이미지들을 업로드할 수 있습니다. 학습이 완료된 후 테스트 이미지가 주어지면 학습된 클래스 중 하나로 분류되는 것을 확인할 수 있습니다. 완성된 이미지 모델은 다양한 프로그램에 활용할 수 있습니다.

① 인공지능 모델 학습을 위해 엔트리 (https://playentry.org)에 접속하여 [블록]−[인공지능]−[인공지능 모델 학습하기] 메뉴를 차례대로 클릭합니다.

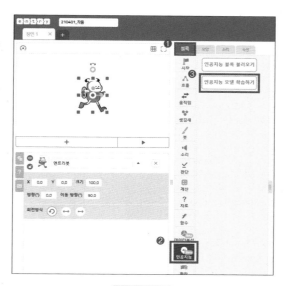

② 학습할 모델 선택하기에서 '분류: 이미지'를 선택하고, 하단에 [학습하기] 를 클릭합니다.

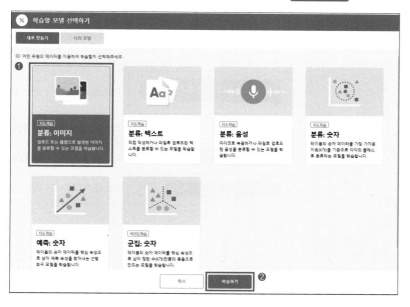

③ 모델 이름을 입력하고 분류 개수만큼의 클래스를 추가하며, 클래스별로 최소 5장의 이미지를 업로드하면 분류 모델을 학습시킬 수 있습니다. 학습이 완료되면 결과 창에서 학습이 잘되었는지 확인할 수 있으며 [적용하기] 버튼을 누르면 모델이 생성됩니다.

❶ 새로운 모델: 인공지능 모델의 이름을 입력합니다.

❷ 클래스 추가하기: 분류될 클래스를 추가합니다.

❸ 클래스명: 분류될 클래스의 이름을 입력합니다.

❹ 모델 학습하기: 입력된 데이터를 이용하여 학습합니다.

❺ 결과: 학습 후 테스트를 진행합니다.

❻ 적용하기: 학습이 완료된 모델을 프로그래밍 창에 적용합니다.

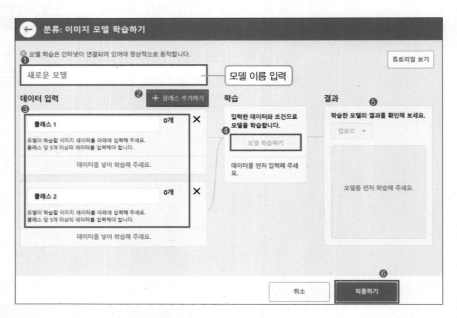

④ 프로그래밍 창에 사용 가능한 이미지 분류 모델 블록들을 아래와 같이 확인할 수 있습니다.

학습한 모델로 분류하기	테스트 이미지가 어느 클래스에 속하는지 분류합니다.
분류 결과	테스트 이미지가 분류된 클래스명이 저장되어 있습니다.
▼ 에 대한 신뢰도	테스트 이미지가 클래스마다 신뢰도가 몇 %인지 확인할 수 있습니다.
분류 결과가 ▼ 인가?	테스트 이미지가 어느 클래스로 분류되었는지 확인할 수 있습니다.

활동하기 급식실의 혼잡도를 실시간으로 알려 주는 인공지능 프로그램 구현하기

다음과 같은 과정을 거쳐 문제 상황 분석부터 인공지능 모델을 활용해 봅시다.

1. 문제 상황

2. 문제 정의 및 해결 과정

문제 분석	급식실의 혼잡도를 계속 알려 주는 인공지능 프로그램 구현하기

↓

데이터 수집 및 분석	급식실의 상태(양호할 때, 보통일 때, 혼잡할 때)를 알 수 있는 이미지 수집하기

↓

인공지능 모델 생성	급식실의 혼잡도 상태를 '양호', '보통', '혼잡'으로 분류할 수 있는 이미지 분류 모델 생성

↓

프로그램 구현	10초 간격으로 급식실의 상태를 확인하여 음성으로 알려 주는 프로그램 구현하기

3. 데이터 수집 및 분석

급식실에 앉아 있는 사람이 거의 없는 경우를 '양호', 급식실에 앉아 있는 사람이 적당히 있으면 '보통', 급식실에 앉아 있는 사람이 많으면 '혼잡'이라고 설정한 후, 각 상태에 해당하는 이미지들을 수집해야 합니다. 각 상태에 따른 급식실 이미지를 최소 5장 이상 수집하며, 데이터가 많을수록 신뢰도는 높아질 수 있습니다.

'양호'한 급식실   '보통'인 급식실   '혼잡'한 급식실

4. 인공지능 모델 생성

엔트리 인공지능 모델 학습하기에서 '분류: 이미지'를 선택하여 클래스의 이름을 '급식실 혼잡 상태'라고 입력합니다. 그리고 '양호', '보통', '혼잡'과 같이 3개 클래스를 생성하고, 각 클래스에 해당하는 준비된 이미지들을 업로드 후 학습시켜 모델을 생성합니다. 학습된 모델은 또 다른 테스트 이미지들로 테스트하여 학습 결과가 좋으면 종료하고, 그렇지 않으면 해당 클래스의 이미지를 더 추가하여 학습을 반복합니다.

① [인공지능]–[인공지능 모델 학습하기] 메뉴를 클릭하고, 여러 모델 중 '분류: 이미지'를 선택하고 학습하기 를 클릭합니다.

② 모델 이름은 '급식실 혼잡 상태'로 입력하고, 클래스를 추가하여 '양호', '보통', '혼잡' 클래스를 만듭니다. 이어서 각 클래스에 준비된 이미지를 5장 이상 업로드 후 모델을 학습시킵니다.

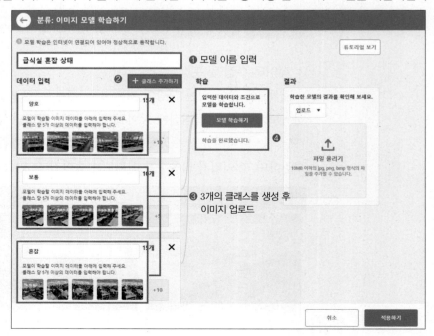

③ 준비된 테스트 이미지들로 모델을 테스트한 후 문제가 없으면 적용하기 버튼을 클릭합니다.

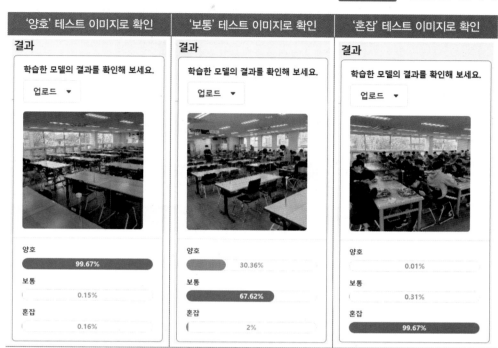

'양호' 테스트 이미지로 확인	'보통' 테스트 이미지로 확인	'혼잡' 테스트 이미지로 확인
결과	결과	결과
학습한 모델의 결과를 확인해 보세요.	학습한 모델의 결과를 확인해 보세요.	학습한 모델의 결과를 확인해 보세요.
업로드 ▼	업로드 ▼	업로드 ▼
양호 99.67%	양호 30.36%	양호 0.01%
보통 0.15%	보통 67.62%	보통 0.31%
혼잡 0.16%	혼잡 2%	혼잡 99.67%

※ 만약 원하는 결과로 분류되지 않았다면 해당 클래스의 이미지 데이터를 더 추가하여 다시 학습시킨 후 테스트를 진행합니다.

④ [인공지능] 블록을 클릭하면 생성된 모델을 사용할 수 있는 명령 블록이 추가된 것을 확인할 수 있습니다.

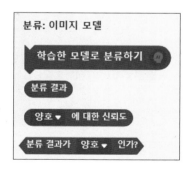

분류: 이미지 모델

학습한 모델로 분류하기

분류 결과

양호 ▼ 에 대한 신뢰도

분류 결과가 양호 ▼ 인가?

5. 프로그램 구현

급식실의 혼잡도를 알려 주는 인공지능 모델을 활용하여 10초마다 급식실의 상태를 확인하여 음성으로 안내하는 프로그램을 구현해 보도록 합니다. 먼저 급식실에 있는 카메라가 10초 간격으로 촬영한 이미지를 전송받은 컴퓨터가 교내 방송으로 급식실 상황을 안내하는 프로그램을 가정합니다. 실제로는 이미지를 전송받을 수 없으므로 이미지 업로드 기능을 이용하여 직접 테스트 사진을 업로드하여 프로그램을 작동시킵니다.

① 화면 설계하기: 화면 구성과 필요한 변수, 오브젝트 등을 지정합니다.

화면 구성 미리 보기	필요한 변수
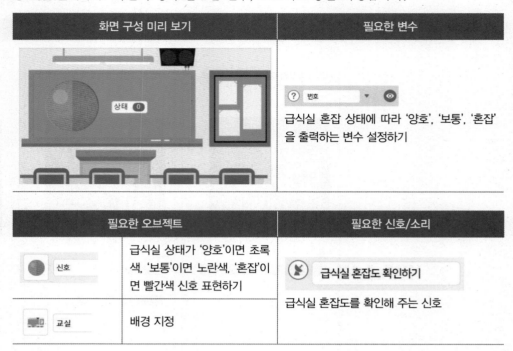	급식실 혼잡 상태에 따라 '양호', '보통', '혼잡'을 출력하는 변수 설정하기

필요한 오브젝트		필요한 신호/소리	
● 신호	급식실 상태가 '양호'이면 초록색, '보통'이면 노란색, '혼잡'이면 빨간색 신호 표현하기	급식실 혼잡도 확인하기	급식실 혼잡도를 확인해 주는 신호
교실	배경 지정		

② 10초마다 급식실 혼잡도 상태 확인하기: 프로그램이 시작되면 10초마다 급식실의 혼잡도를 확인하기 위해 '급식실 혼잡도 확인하기 신호 보내고 기다리기'와 '10초 기다리기'를 연결하여 블록을 조립합니다.

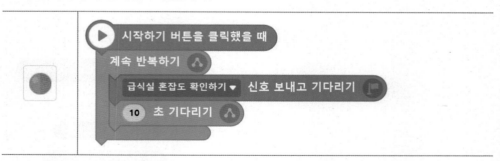

③ [읽어주기] 인공지능 블록 추가하기: 급식실의 혼잡도 결과를 음성으로 알려 주기 위해 [인공지능] 블록에서 [인공지능 블록 불러오기]를 클릭하고, [읽어주기] 기능을 추가하면 사용할 수 있는 명령 블록들이 추가된 것을 확인할 수 있습니다.

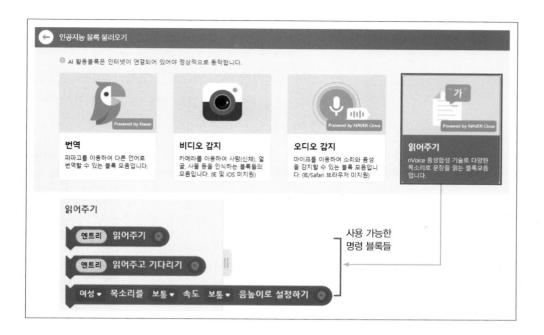

④ 급식실의 혼잡 상태 알려 주기: '급식실 혼잡도 확인하기' 신호를 받으면 [학습한 모델로 분류하기] 블록을 연결하여, 테스트 이미지의 분류 결과가 '양호'이면 초록색 신호 모양으로 바꾸고, '상태' 변숫값을 '양호'로 정합니다. 그리고 '읽어주고 기다리기' 블록을 이용하여 "급식실이 한가합니다."라고 안내합니다. 분류 결과가 '보통'과 '혼잡'인 경우에도 '양호'와 같은 방법으로 프로그램을 추가합니다.

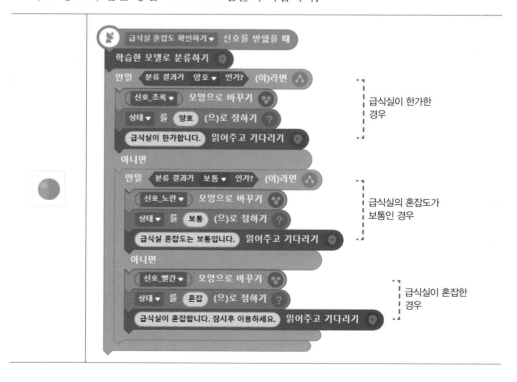

불과 얼마 전까지만 해도 컴퓨터가 고양이 이미지를 보고, 고양이라고 판단할 수 없었습니다. 인간에게는 믿을 수 없을 정도로 간단한 일이지만, 컴퓨터가 스스로 판단하기는 불가능했습니다.

2012년의 ILSVRC(ImageNet Large Scale Visual Recognition Challenge)라는 이미지 인식 대회는 인공지능 역사에 결코 빠질 수 없는 엄청난 사건이었습니다. ILSVRC는 이미지넷(ImageNet)이 제공하는 1,000여 카테고리로 분류된 100만 개의 이미지를 인식하여 그 정확도를 겨루는 대회입니다. 이 대회에서 2011년까지는 이미지 인식률이 75%를 넘지 못하였는데, 2012년 대회에서는 인공 신경망을 이용한 알렉스넷(AlexNet)이 무려 84.7%

▲ 이미지넷
출처: https://cs.stanford.edu/people/karpathy/cnnembed/

라는 놀라운 인식률을 달성했습니다. 그 이후부터는 딥러닝을 이용한 인공지능이 상위 랭크를 모두 휩쓸었고, 매년 인식률이 높아져, 현재는 상당수의 도전자가 97%에 육박하는 인식률을 기록하고 있습니다. 이는 인간의 인식률인 95%를 훨씬 웃도는 수준입니다.

이미지넷(ImageNet)에 있는 데이터셋은 1,000개의 클래스로 구성되며, 총 100만 개가 넘는 데이터를 포함합니다. 약 120만 개는 학습(training)에 쓰이고, 5만 개는 검증(validation)에 쓰입니다. 또한 학습 데이터셋 용량은 약 138GB, 검증 데이터셋 용량은 약 6GB로 방대한 양을 제공하고 있습니다. 특히, 분류(classification) 문제에 관심이 있는 사람들이 주로 이미지넷의 데이터셋을 다운로드하여 사용하며, 학습 데이터를 확인해 보면 각 클래스당 약 1,000개가량의 이미지로 구성되어 있습니다.

이미지넷(ImageNet)의 데이터를 사용하려면 'https://www.image-net.org' 사이트에 접속하여 원하는 이미지를 검색한 후 다운로드하여 활용할 수 있습니다.

IMAGENET
14,197,122 images, 21841 synsets indexed
Home   Download   Challenges   About
Not logged in. Login | Signup

ImageNet is an image database organized according to the WordNet hierarchy (currently only the nouns), in which each node of the hierarchy is depicted by hundreds and thousands of images. The project has been instrumental in advancing computer vision and deep learning research. The data is available for free to researchers for non-commercial use.

Mar 11 2021. ImageNet website update.

© 2020 Stanford Vision Lab, Stanford University, Princeton University   imagenet.help.desk@gmail.com   Copyright infringement

💬 토론하기 **딥페이크 기술, 법률로 규제해야 하는가?**

딥페이크(Deepfake)란 딥러닝(Deep learning)과 가짜(fake)의 합성어로 딥러닝 기술을 이용해 얼굴을 바꿔쳐서 속이는 기술이라는 뜻입니다.

▲ 딥페이크가 적용된 사례

이러한 딥페이크를 잘 활용하면 인공지능 아나운서가 뉴스를 진행하게 할 수도 있고, 영화 촬영 시 대역의 얼굴을 손쉽게 주인공의 얼굴로 탈바꿈시킬 수도 있습니다. 반면에 잘못 활용하면 유명 연예인의 얼굴을 합성한 음란물 제작이나 지인의 얼굴을 합성해 가짜 영상 통화로 돈을 갈취하는 피싱 범죄 등에 악용될 수 있으니 주의해야 합니다.

위와 같이 딥페이크 기술에 대한 장단점을 온라인을 통하여 찾아보고, 딥페이크 기술을 법률로 규제해야 하는지에 대한 토론의 시간을 가져 봅시다.

① 딥페이크의 장점은

입니다.

② 딥페이크의 문제점은

입니다.

③ 딥페이크 기술을 법률로 규제해야 하는가에 대한 내 주장과 그 이유는

입니다.

13 지도 학습 – 소리 분류

원격 수업에서 자동으로 출석 체크를 할 수는 없을까?

학교에서는 코로나 19로 인해 원격 수업이 늘어나면서, 자연스럽게 쌍방향 실시간 수업도 늘고 있습니다. 교실 수업과 유사한 실시간 쌍방향 수업은 학습 집중도도 높일 뿐만 아니라, 선생님께 직접 질문하고 바로 피드백을 받을 수 있다는 장점이 있습니다. 하지만, 매일 원격 수업을 해야 하는 선생님에게는 어떤 어려운 점이 있을까요?

📝 **이 단원**에서는 무엇을 알아볼까?

선생님들의 원격 수업을 돕는 방법에는 무엇이 있을까요?
학생들의 음성을 통해 출석 체크를 돕는 인공지능 프로그램을 만들어 봅시다.

⠿ 사용할 도구 알아보기

용어 설명

★ **음향**

물체에서 나는 소리와 그 울림을 말합니다.

★ **음성**

사람의 발음 기관을 통해 내는 구체적이고 물리적인 소리를 말합니다.

인공지능의 재료가 되는 데이터는 문자, 숫자, 이미지 등 다양한 형태로 존재하지만, 공기를 통해 전파되는 소리도 데이터가 됩니다. 소리 데이터는 크게 자연이나 물체의 소리인 음향*과 사람의 음성*으로 나눌 수 있습니다. 음향을 통해서는 악기의 종류, 철새의 종류, 기계 장치의 고장 유무 등을 판별할 수 있으며, 음성은 음성 인식, 음성 합성 등에 응용됩니다.

소리 데이터를 학습시키는 다양한 플랫폼이 있지만, 프로그램의 연계성을 고려하여 엔트리의 인공지능 모델 학습하기에서 '분류: 음성'을 이용하도록 하겠습니다. 엔트리의 음성 모델 학습에서는 마이크를 통해 직접 녹음하거나 다운로드한 파일을 데이터로 입력한 후 학습을 통해 소리의 파형이 유사한지에 따라 제시된 클래스 중 하나로 분류를 하게 됩니다. 학습된 모델로 새로운 소리가 입력되면 어떤 분류에 속하는지 확인할 수 있습니다.

① 엔트리 사이트에 접속해서 [로그인] 후 [만들기]를 클릭합니다.

② [작품 만들기] 메뉴를 클릭한 후 모델 학습을 위해 [블록]―[인공지능]―[인공지능 모델 학습하기]를 클릭합니다.

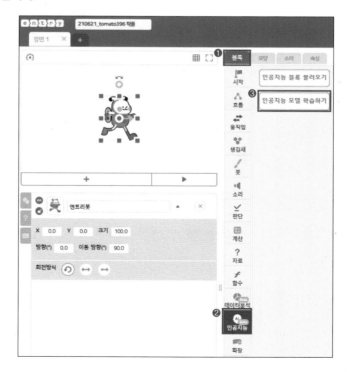

③ 학습할 모델 선택하기에서 [분류: 음성]을 선택하고, 하단에 [학습하기] 를 클릭합니다.

▲ 엔트리 인공지능 모델 학습하기

④ 데이터를 입력한 후 ❶～❼ 과정을 거쳐 모델 학습을 진행합니다. 이때, 새로 녹음하거나 입력 데이터에 사용되지 않은 파일을 업로드하여 학습이 잘되었는지 테스트를 거쳐 적용합니다.

❶ 새로운 모델: 인공지능 모델의 이름을 입력합니다.

❷ 소리 입력 길이 조정: 녹음 시간을 1～3초로 설정합니다.

❸ 클래스 추가하기: 분류될 클래스를 추가합니다.

❹ 클래스명: 분류될 클래스의 이름을 입력합니다.

❺ 모델 학습하기: 입력된 데이터를 이용하여 학습시킵니다.

❻ 결과: 학습 후 테스트를 진행합니다.

❼ 적용하기: 학습 완료된 모델을 프로그래밍 창에 적용합니다.

＊클래스별로 5개 이상의 데이터를 입력해야 합니다.
＊녹음 길이는 1초로 선택하는 것이 정확도가 높습니다.

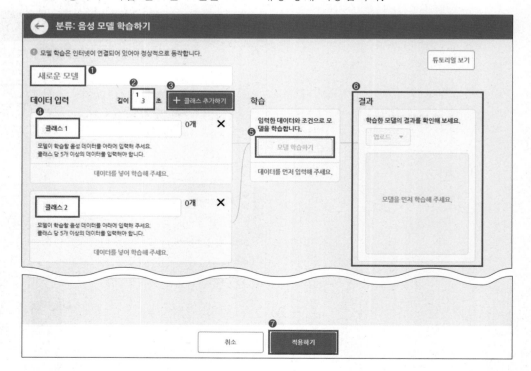

활동하기 음성으로 출석 체크하는 인공지능 프로그램 구현하기

다음과 같은 과정을 통해 문제 상황 분석부터 인공지능 모델 활용까지 따라 해 봅시다.

1. 문제 상황

2. 문제 정의 및 해결 과정

문제 정의	학생의 이름을 부르고, 그 대답으로 출석 체크하는 인공지능 프로그램 구현하기

↓

데이터 수집 및 분석	출석 부를 때 대답하기

↓

인공지능 모델 생성	출석 답변에 대해 음성으로 출석과 결석을 분류할 수 있는 모델 생성하기

↓

프로그램 구현	학습한 모델로 학생의 이름을 부르고, 출석을 체크하는 프로그램 구현하기

3. 데이터 수집 및 분석

출석을 부를 때 학생들은 어떻게 대답을 할까요? 보통 "1번 홍길동"이라고 부르면, 대부분 "네", "예" 등 한 음절로 대답하고, 해당 학생이 없을 때는 소리가 들리지 않거나(묵음), 다른 학생이 "결석이에요.", "아프대요." 등 여러 음절로 된 상황을 알려 주게 됩니다. 따라서 학습시킬 데이터는 '출석', '묵음', '결과' 클래스로 나눕니다. 또한, 모든 학생의 음성을 녹음하는 것이 좋으나 음절로 구분되므로 자신의 목소리로 녹음을 합니다.

클래스	의미	음성 예시
출석	출석함	네, 예
묵음	부재 중	—
결과	결과	결석이에요, 아프대요 등

4. 인공지능 모델 생성

엔트리의 인공지능 모델 학습하기에서 '분류: 음성'을 선택하여 '출석', '묵음', '결과'의 클래스를 추가하고 목소리를 녹음하여 모델을 생성합니다. 학습된 모델은 여러 번의 테스트를 거쳐 프로그램에 사용할 인공지능 모델을 생성합니다.

① 엔트리 프로그래밍 환경에서 [인공지능]-[인공지능 모델 학습하기]를 클릭하고, 여러 모델 중 '분류: 음성'을 클릭합니다.

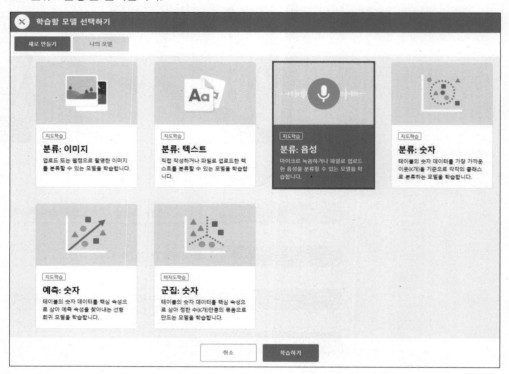

② 모델 이름은 '출석 체크', 녹음 길이는 1초로 설정하고, 클래스를 추가하여 '출석', '묵음', '결과' 클래스를 만듭니다. 그리고 각 클래스에 5개 이상의 음성 데이터를 녹음하고, 모델을 학습시 킵니다. 생성한 모델에서 음성을 녹음해 모델의 성능을 테스트합니다. 이때, 인식률이 떨어지면 음성의 파형이 더 확실하게 구분 가능한 단어로 수정하도록 합니다.

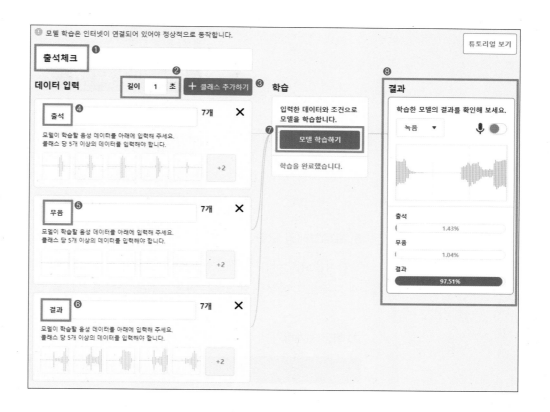

추가 활동

학습된 모델의 정확도를 측정해 볼까요?

학습이 완료되면 결과에서 출석, 묵음, 결과를 각 10번씩 테스트해 보고, 정확도를 적어 보세요.

클래스	인식 성공 횟수	정확도(%)
출석	( ) / 10	
묵음	( ) / 10	
결과	( ) / 10	

③ 엔트리 프로그래밍 환경에 [인공지능] 블록을 클릭하면 생성된 모델을 사용할 수 있는 명령 블록이 추가된 것을 확인할 수 있습니다.

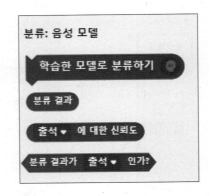

분류: 음성 모델

학습한 모델로 분류하기 AI

분류 결과

출석 ▾ 에 대한 신뢰도

분류 결과가 출석 ▾ 인가?

5. 프로그래밍 구현

출석을 확인하는 인공지능 모델을 활용하여 학생의 이름을 한 명씩 부르고, 대답을 통해 자동으로 출석을 체크하는 프로그램을 구현해 보도록 합니다.

① 화면 설계하기

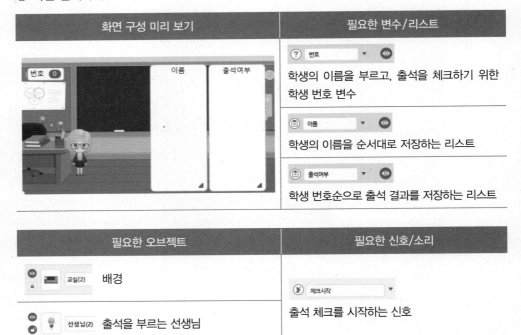

화면 구성 미리 보기	필요한 변수/리스트
	? 번호 ▾ ◉
	학생의 이름을 부르고, 출석을 체크하기 위한 학생 번호 변수
	📋 이름 ▾ ◉
	학생의 이름을 순서대로 저장하는 리스트
	📋 출석여부 ▾ ◉
	학생 번호순으로 출석 결과를 저장하는 리스트

필요한 오브젝트	필요한 신호/소리
교실(2) 배경	⚑ 체크시작 ▾
선생님(2) 출석을 부르는 선생님	출석 체크를 시작하는 신호

② 학생 이름 입력하기

출석을 부를 반의 학생 이름을 저장합니다. 여기에서는 '신사임당', '홍길동', '이순신', '유관순'을 '이름' 리스트에 추가하고 출석 체크 신호를 보냅니다. 이때, 먼저 입력한 순서대로 번호가 됩니다.

③ 읽어주기 인공지능 블록 불러오기

　학생의 이름을 음성으로 들려주는 음성 합성 기능을 사용하기 위해 [인공지능] 블록에서 [인공지능 블록 불러오기]를 클릭합니다. [읽어주기] 기능을 추가하면 [인공지능] 블록에 음성 합성 기능의 블록이 추가됩니다.

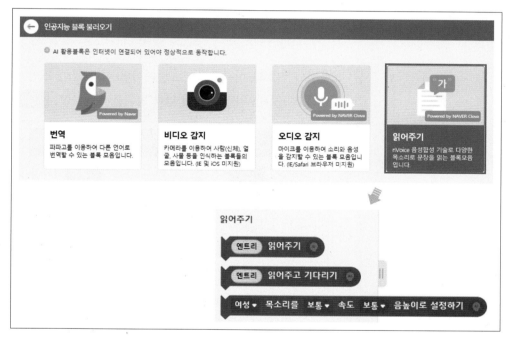

④ 번호대로 이름을 부르고, 출석 체크 확인하기

　'이름' 리스트에 저장된 번호순으로 이름을 음성과 글자로 안내하고, 해당 학생의 음성을 [출석 체크] 인공지능 모델의 결과로 예측합니다. 만약 예측 결과가 '출석' 레이블이면 '출석 여부' 리스트에 '출석'이라고 저장하고, 그렇지 않으면 '결과'라고 저장합니다.

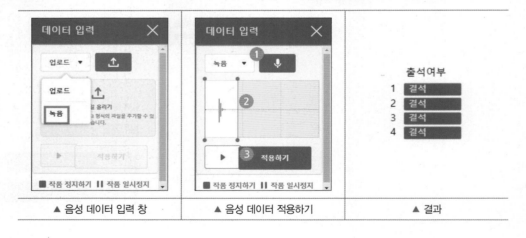

체크시작 ▼ 신호를 받았을 때
번호 ▼ 를 0 (으)로 정하기 ?
이름 ▼ 항목 수 번 반복하기 ∧
　번호 ▼ 에 1 만큼 더하기 ?
　　번호 ▼ 값 과(와) 번 를 합치기 을(를) 말하기 ▼ ☺
　　번호 ▼ 값 과(와) 번 를 합치기 읽어주고 기다리기 ◎
　　이름 ▼ 의 번호 ▼ 값 번째 항목 과(와) 학생 출석했나요? 를 합치기 을(를) 말하기 ▼ ☺
　　이름 ▼ 의 번호 ▼ 값 번째 항목 과(와) 학생 출석했나요? 를 합치기 읽어주고 기다리기 ◎
　　학습한 모델로 분류하기 ◎
　　만일 분류 결과가 출석 ▼ 인가? (이)라면 ∧ ┐
　　　　출석 항목을 출석여부 ▼ 에 추가하기 ? ┤ 출석한 경우
　　아니면
　　　　결석 항목을 출석여부 ▼ 에 추가하기 ? ┤ 결석한 경우
말하기 지우기 ☺

학생의 번호와 이름을 부르고, 데이터 입력 창이 뜨면 '녹음'을 선택합니다. 마이크를 선택하고 음성을 입력한 뒤에 입력 범위를 설정하고, ▢적용하기▢ 버튼을 누릅니다.

출석 체크 모델의 레이블
＊출석
＊묵음
＊결과

▲ 음성 데이터 입력 창	▲ 음성 데이터 적용하기	▲ 결과

⑤ 실행하기

완성된 프로그램을 실행하면 '이름' 리스트에 학생의 이름이 저장되고, 해당 번호와 이름을 글자와 음성으로 안내합니다. 그리고 학생의 음성을 녹음하여 "예", "네" 등의 데이터를 입력하면 '출석'으로 '출석 여부' 리스트에 저장되고, 소리를 내지 않거나(묵음), 다른 학생의 "결석했어요.", "아프대요." 등의 음성이 입력되면 '결과'로 저장됩니다.

▲ 실행 시작	▲ 실행 중	▲ 실행 결과

📋 추가 활동

학생이 입력한 음성의 신뢰도를 측정해 볼까요?

주변 소리나 마이크의 성능 등에 따라 학습된 모델이 음성을 올바르게 분류하지 못하는 경우가 발생합니다. 음성 분류 모델의 입력된 음성에 대한 클래스별 신뢰도를 측정하면 원인을 파악할 수 있습니다.

다음 변수와 코드를 추가하여 입력된 음성 데이터에 따른 모델의 클래스별 신뢰도가 표시될 수 있도록 해 보세요.

추가 변수	추가 코드
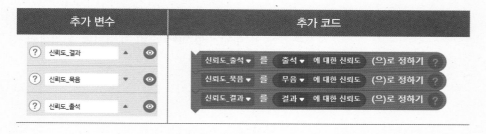	

🔍 깊이 이해하기   소리 데이터를 이용한 인공지능 분류

경험이 많고 숙련된 자동차 정비사는 자동차에서 발생하는 소리만 듣고도 자동차의 어떤 부품이나 어느 부분이 고장 났는지, 정상적인지를 판단할 수 있습니다. 하지만 이렇게 소리만으로 고장 여부를 판단하는 일은 경력이 많지 않은 초보 정비사에게는 매우 어려운 일입니다.

최근에 자동차에서 발생하는 엔진, 부품 마찰 소음 등을 수집하고 딥러닝으로 학습시켜 40개 이상의 고장 유무를 판단할 수 있는 인공지능이 개발되었는데, 자동차 정비 전문가보다 고장 인식률이 뛰어납니다. 자동차에 이어 비행기, 기차, 배 등에 인공지능을 적용하면 정비가 쉬워지고, 나아가 사고도 줄일 수 있으리라 예측됩니다.

▲ 소리 진단 전문가와 인공지능의 대결

1. 소리 데이터의 특징

최근에 개발된 인공지능 스피커는 사람의 말을 쉽게 인식하고, 사람이 부르는 노래가 어떤 노래인지도 잘 알아맞힙니다. 그런데 소리 데이터는 주변의 소리나 소음 등과 함께 저장되므로 그 가운데서 유효한 특정 소리만 뽑아내는 작업이 쉬운 일은 아닙니다. 인공지능은 소음이 섞인 음성이나 소리 데이터를 분리하여 청각의 특성에 맞게 변형하여 입력할 수 있습니다.

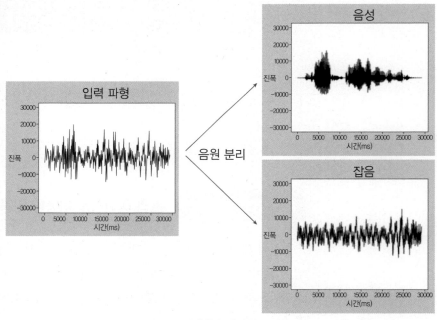

▲ 음원 분리 과정

2010년대에는 소리를 적용한 인공지능 분야가 크게 발전하지 못했지만 딥러닝이 발전하면서 사람의 말소리를 글자로 인식하는 음성 인식을 비롯한 자연어 처리뿐만 아니라 이러한 기술에 힘입어 인공지능 스피커 등이 발전하고 있습니다.

2. 소리 데이터를 이용한 인공지능 사례

정보 기술이 발전하면서 음성 인식, 음악 검색 서비스 등과 같은 음성 데이터를 이용한 음향 인식 기술을 쉽게 접할 수 있게 되었습니다. 이러한 기술들은 듣는 음악에 따라 집 안 조명을 바꿔 주거나, 집에 도둑이 침입하거나 사람이 쓰러지는 등의 위급 상황이 발생했을 때 바로 알려 주는 음향 인공지능 기술로도 발전하고 있습니다. 또한 악기 소리, 비명, 다양한 새소리, 아기 울음소리, 강아지 소리 등 여러 소리를 분류하는 기술에 관한 연구도 활발히 진행 중입니다.

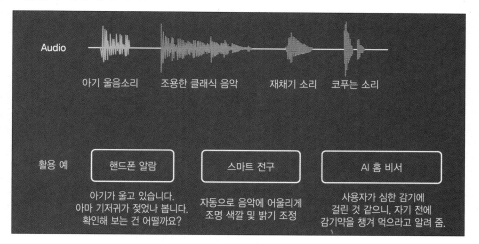

음성을 통한 감정 분석, 말하는 사람 인식 기술을 비롯한 소리 데이터를 이용한 인공지능 기술이 챗봇 등 언어 생성 기술, 시각 인지 등의 다른 인공지능 기술과 함께 활용되면 우리의 일상생활은 더욱 편리해질 것입니다.

📝 **확인해 보기**

내가 사용하는 스마트폰에서 소리 관련 인공지능 앱을 찾아봅시다.

▶ 🔗 빅스비, 챗봇, 파파고, 댕댕이 통역기 등

14 지도 학습 – 텍스트 분류

작성한 글을 알아서 분류해 줄 수는 없을까?

친구들과 인공지능 관련 주제에 대하여 공부한 후 "로봇세는 필요할까?", "인공지능 개발은 제한되어야 할까?" 등에 관하여 토론을 진행하였습니다. 토론 후 친구들이 자신의 의견을 작성했는데, 작성한 글이 찬성 쪽인지 반대 쪽인지를 일일이 읽어 보면서 분류하는 작업은 생각보다 오래 걸릴 수 있습니다. 친구들이 작성한 글을 인공지능이 스스로 분류하는 방법은 없을까요?

📝 이 단원에서는 무엇을 알아볼까?

친구들이 작성한 글을 인공지능이 알아서 긍정 또는 부정 카테고리로 분류해 줄 수는 없을까요?
긍정과 부정에 해당하는 단어나 문장을 수집하여 텍스트 분류 모델을 만들고, 입력한 글을 분석하여 긍정 또는 부정으로 분류해 주는 인공지능 프로그램을 만들어 봅시다.

사용할 도구 알아보기

텍스트를 이용하여 텍스트 분류 모델을 만드는 다양한 플랫폼이 있지만, 프로그램의 연계성을 고려하여 엔트리의 인공지능 모델 학습하기에서 '분류: 텍스트'를 이용하여 모델 학습을 합니다. 테스트를 완료한 분류 모델은 다양한 프로그램에 활용할 수 있습니다.

> • **해결할 문제:** 텍스트를 분류할 클래스마다 최소 5개의 단어나 문장 등의 텍스트 데이터가 필요하며, 데이터 사이에 쉼표(,)로 구분하여 데이터를 추가할 수 있습니다. 학습이 완료되면 긍정 또는 부정에 해당하는 다양한 글을 적어 보면서 정확하게 분류되었는지를 확인합니다. 분류가 올바르게 되지 않았으면 데이터를 계속 추가하여 모델 성능을 향상시킵니다.

① 엔트리 사이트에 접속한 후 모델 학습을 위해 [블록]―[인공지능]―[인공지능 모델 학습하기]를 클릭합니다.

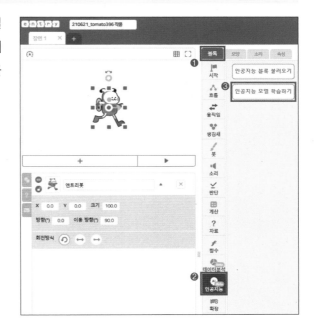

② '학습할 모델 선택하기'에서 '분류: 텍스트'를 선택하고, 하단의 학습하기 버튼을 클릭합니다.

③ 모델 이름을 입력하고 분류 개수만큼의 클래스를 추가하며(본 학습은 2개의 클래스를 사용하므로 더 추가할 필요는 없음), 클래스별로 최소 5개 이상의 데이터로 모델을 학습할 수 있습니다. 학습이 완료되면 결과 창에서 학습이 잘되었는지 확인할 수 있으며, 적용하기 버튼을 누르면 모델이 생성됩니다.

❶ 새로운 모델: 인공지능 모델의 이름을 입력합니다.

❷ 클래스 추가하기: 분류될 클래스를 추가합니다.

❸ 클래스명: 분류될 클래스의 이름을 입력합니다.

❹ 모델 학습하기: 입력된 데이터를 이용하여 학습합니다.

❺ 결과: 학습 후 테스트를 진행합니다.

❻ 적용하기: 학습이 완료된 모델을 프로그래밍 창에 적용합니다.

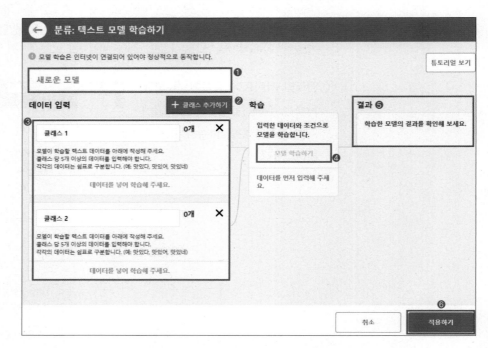

④ 프로그래밍 창에 사용할 수 있는 텍스트 분류 모델 명령 블록들을 아래와 같이 확인할 수 있습니다.

텍스트 분류 모델 명령 블록	
학습한 모델로 분류하기	텍스트를 입력받고 어느 클래스에 속하는지 분류합니다.
엔트리 을(를) 학습한 모델로 분류하기	"엔트리" 글이 어느 클래스에 속하는지 분류합니다.
분류 결과	입력된 텍스트가 분류된 클래스명이 저장되어 있습니다.
▼ 에 대한 신뢰도	입력된 텍스트가 클래스마다 몇 %의 신뢰도인지 확인할 수 있습니다.
분류 결과가 ▼ 인가?	입력된 텍스트가 어느 클래스로 분류되었는지 확인할 수 있습니다.

활동하기 의견을 입력하면 긍정 또는 부정을 판단해 주는 인공지능 프로그램 구현하기

다음과 같은 과정을 통해 문제 상황 분석부터 인공지능 모델 활용까지 따라 해 봅시다.

1. 문제 상황

2. 문제 정의 및 해결 과정

문제 정의	주제에 대한 의견을 적으면 알아서 긍정 또는 부정으로 분류해 주는 인공지능 프로그램 만들기

↓

데이터 수집 및 분석	긍정에 해당하는 단어 또는 문장과 부정에 해당하는 단어 또는 문장 데이터 수집하기

↓

인공지능 모델 생성	입력받은 의견의 글이 긍정인지 부정인지를 분류해 주는 텍스트 분류 모델 생성하기

↓

프로그램 구현	찬반 의견을 입력받으면 긍정인지 부정인지 판단해 주는 프로그램 구현하기

3. 데이터 수집 및 분석

많은 양의 단어나 글을 찾는 활동은 온라인 협업 문서 등을 이용하여 친구들과 함께 데이터를 수집할 수 있습니다.

찬성 또는 긍정, 반대 또는 부정에 해당하는 단어나 문장을 찾거나 생각해서 적어 데이터를 수집합니다.

긍정	부정
네, 필요, 필요해, 필요하다, 당연히 필요하다, 매우 필요하다, 무조건 필요하다, 필요한 것 같다, 필수적이다, 할 수 있다, 한다, 해야 한다, 걷어야 한다, 내야 한다, 나쁘지 않다, 괜찮다, 긍정적, 긍적적이다, 찬성, 찬성한다, 수긍, 수긍한다, 최고, 최고이다, 좋아요, 좋아, 좋다, 매우 좋다, 좋은 거 같다, 부과, 부과해야 한다	아니요, 싫어요, 싫다, 싫어, 아니다, 아닌 거 같다, 안 한다, 나쁘다, 별로다, 좋지 않다, 매우 별로다, 필요 없다, 필요하지 않다, 매우 필요하지 않다, 부정적, 부정적이다, 반대, 반대한다, 불편, 불편하다, 불필요, 불필요하다, 말도 안 된다, 내지 말아야 한다, 걷지 말아야 한다, 안 내야 한다, 부과하지 말아야 한다, 낼 필요 없다, 안 내도 될 거 같다, 안 낸다, 낼 수 없다

4. 인공지능 모델 생성

엔트리의 인공지능 모델 학습하기에서 '분류: 텍스트'를 선택하여 모델 이름을 '토론 분류'라고 입력합니다. 그리고 클래스 이름을 각각 '긍정', '부정'이라 입력하고, 각 클래스에 해당하는 데이터를 입력합니다. 데이터가 준비되면 [모델 학습하기] 버튼을 눌러 모델을 생성하고 결과 창에서 긍정 또는 부정에 해당하는 글을 입력하면서 테스트합니다. 만약 테스트한 결과가 좋지 않으면 해당 클래스의 데이터를 더 추가하여 신뢰도를 높여야 합니다.

① 엔트리 프로그래밍 환경에서 [인공지능]—[인공지능 모델 학습하기]를 클릭하고, 여러 모델 중에 '분류: 텍스트'를 클릭합니다.

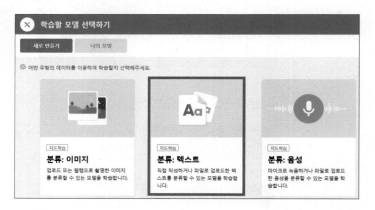

② 모델 이름을 '토론 분류'라 입력하고, 클래스 이름을 각각 '긍정', '부정'이라고 입력합니다. 각 클래스에 5개 이상의 준비된 텍스트 데이터를 입력하여 모델을 학습시킵니다.

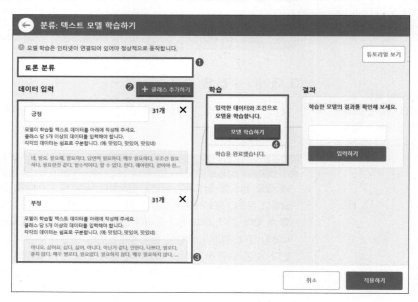

③ '긍정'과 '부정'에 대한 텍스트를 입력하여 모델을 테스트한 후 문제가 없다면 [적용하기] 버튼을 클릭합니다.

테스트 예1) 로봇세를 매기면 일자리가 줄어드는 속도가 감소하기에 필요하다고 생각합니다.	테스트 예2) 로봇세를 실업자의 재취업 비용으로 활용할 수 있기에 로봇세는 내야 합니다.
	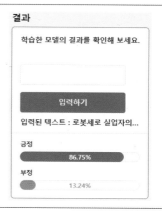
테스트 예3) 로봇 산업 발전 저해, 지연될 수 있기에 반대합니다.	테스트 예4) 로봇을 일자리 약탈 주범으로 몰아 과세할 논리적 근거가 없다고 생각합니다.

※ 만약 텍스트를 입력 후 원하는 결과로 분류되지 않았다면 해당 클래스의 데이터를 추가하여 학습을 다시 시킨 후 테스트를 합니다.

5. 프로그램 구현

친구들에게 로봇세 부과 여부에 관한 의견을 작성하게 한 후 인공지능 프로그램에 입력하여, 입력된 글이 긍정 또는 부정인지를 인공지능이 스스로 판단하여 자동으로 분류하고 횟수를 계산해 주는 인공지능 프로그램을 구현해 봅시다.

① 화면 설계하기

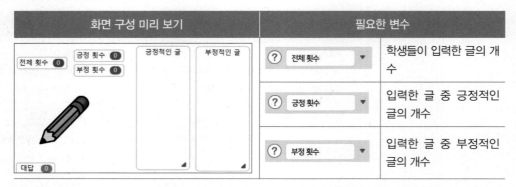

화면 구성 미리 보기	필요한 변수	
	전체 횟수	학생들이 입력한 글의 개수
	긍정 횟수	입력한 글 중 긍정적인 글의 개수
	부정 횟수	입력한 글 중 부정적인 글의 개수

필요한 오브젝트		필요한 리스트	
연필(1)	연필을 클릭하면 글 입력 기능 제공	긍정적인 글	긍정적인 글들을 모아 놓은 리스트
		부정적인 글	부정적인 글들을 모아 놓은 리스트

② 로봇세에 대한 의견 입력 방법 안내하기

프로그램이 시작되면 "로봇세에 대한 찬반 의견을 입력하려면 저를 클릭해 주세요."라고 안내합니다.

③ 로봇세에 대한 의견을 입력하고 자동 분류하기

연필 오브젝트를 클릭하여 로봇세 부과에 대한 찬반 의견을 입력하고, 입력된 텍스트로 긍정적인 글인지, 부정적인 글인지 분류합니다. 분류 결과가 긍정이면 '긍정 횟수'에 1을 더하고 '긍정적인 글' 리스트에 추가합니다. 분류 결과가 부정이면 '부정 횟수'에 1을 더하고 '부정적인 글' 리스트에 추가합니다.

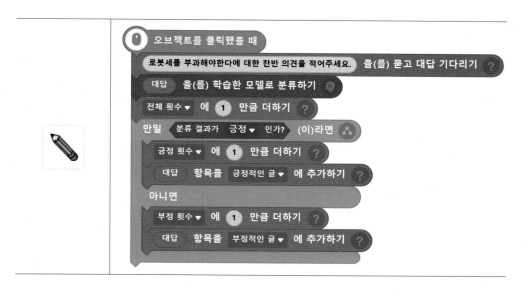

📑 추가 활동

오디오 감지 기능을 이용하여 음성으로 의견 입력받기

[오디오 감지] 기능을 이용하면 키보드를 통해 입력받았던 의견을 음성으로 받을 수 있습니다.

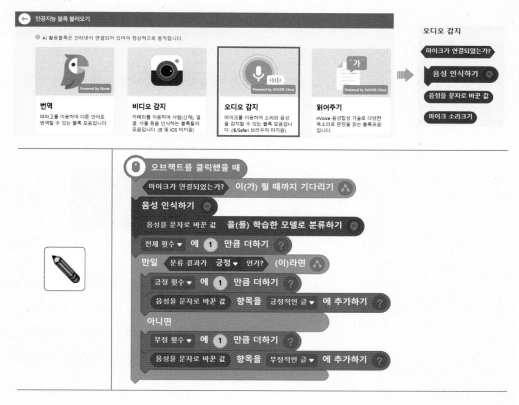

텍스트 분류는 텍스트를 입력받아 텍스트가 어떤 클래스에 속하는지를 구분해 주는 지도 학습에 속하며, 지도 학습은 정답에 해당하는 레이블과 데이터를 함께 제공하여 학습시키는 방법입니다.

수신된 메일이 일반적인 메일인지 스팸 메일인지를 분류해 주는 스팸 메일 분류기를 예로 살펴봅시다. 스팸 메일 분류기를 제대로 작동시키려면 많은 양의 메일 텍스트와 레이블(스팸 여부)을 훈련 데이터로 제공하여 학습시켜야 합니다.

텍스트(메일의 내용)	레이블(스팸 여부)
당신에게 드리는 마지막 혜택! ...	스팸 메일
내일 뵐 수 있을지 확인 부탁...	정상 메일
쉿! 혼자 보세요...	스팸 메일
언제까지 답장 가능할...	정상 메일
...	...
(광고) 멋있어질 수 있는...	스팸 메일

▲ 스팸 메일 분류 학습을 위해 제공되는 데이터와 레이블의 예

메일 분류기는 이렇게 학습되어 만들어진 모델을 이용하여 새로운 메일이 왔을 때 스팸인지 아닌지를 분류합니다.

▲ 새로운 메일이 왔을 때 정상 메일인지 스팸 메일인지 구분해 주는 과정

텍스트 분류 모델은 스팸 메일 분류 외에도 영화의 리뷰를 입력받아서 이 리뷰가 긍정 리뷰인지 부정 리뷰인지를 분석해 주는 등 다양한 방식으로 실생활에 활용할 수 있습니다.

💬 토론하기 **로봇세 내야 하는가?**

　4차 산업 혁명이 도래하면서 스마트 홈, 교통, 금융, 의류 등 일상생활 속으로 인공지능 서비스가 확대되고 있으며, 로봇 기술이 인간을 빠르게 대체하고 있어 미래에는 일자리가 줄어들 것이라는 전망이 주류를 이루고 있습니다. 로봇이 사람의 일자리를 빼앗으면 실업자는 늘어나고, 이들을 위해 더 많은 예산이 필요하기에 늘어나는 예산 수요를 충당하기 위해 로봇세를 도입하자는 의견이 늘어나고 있습니다.

　위와 같은 상황에서 로봇세 도입에 대한 장단점을 온라인을 통하여 찾아보고 로봇세를 도입해야 하는가에 대한 토론의 시간을 가져 봅시다.

① 로봇세 도입의 장점은

입니다.

② 로봇세 도입의 문제점은

입니다.

③ 로봇세 도입에 대한 내 주장과 그 이유는

입니다.

15 지도 학습 - 회귀

위도에 따라 서식하는 새의 종류는 어떻게 변할까?

생태학적으로 관찰해 보면 적도에서 멀어질수록 종의 다양성이 감소합니다. 조류 관찰자들은 겨울 어느날 다양한 새들의 종류를 세어 정리하는 '오듀본 소사이어티(Audubon Society)의 크리스마스 조류 집계(Christmas Bird Count)' 사이트를 이용하여 이 말이 사실인지 확인하려고 하였습니다. 이 사이트는 매년 겨울에 집계하는 조류의 개체 수와 종류를 살펴볼 수 있는 곳으로, 원하는 연도와 지역을 입력하면 그에 해당하는 조류의 개체 수와 종류가 표시되므로, 이를 활용하면 위 문제를 쉽게 해결할 수 있습니다.

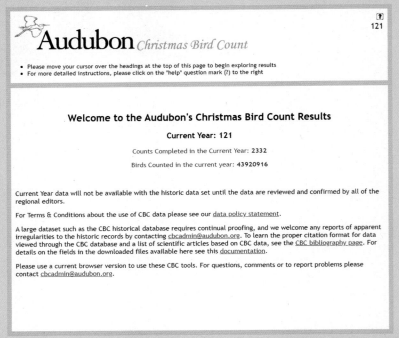

▲ 오듀본 소사이어티(Audubon Society)의 크리스마스 조류 집계(Christmas Bird Count)

이 단원에서는 무엇을 알아볼까?

이 자료를 이용하여 미국의 수도 워싱턴 근처에 있는 델마르바 반도의 각 지역에서 관찰한 조류의 종류와 그 지역의 위도 데이터를 통해 조류 종류의 변화를 분석하고, 뉴욕에 서식하는 조류의 종류는 얼마나 될지 예측하는 프로그램을 만들어 봅시다.

사용할 도구 알아보기

 엔트리의 '예측: 숫자' 모델을 이용하여 데이터 간의 관계를 분석하고, 새로 입력된 값에 관한 결과를 예측하는 기능을 이용합니다. 이를 위해서 데이터 분석 메뉴에서 데이터 테이블을 생성하고 인공지능 메뉴에서 예측 모델을 생성합니다.

① 데이터 테이블 생성하기

 엔트리(https://playentry.org)에서 데이터 테이블을 생성하는 방법은 다음과 같이 세 가지가 있습니다.

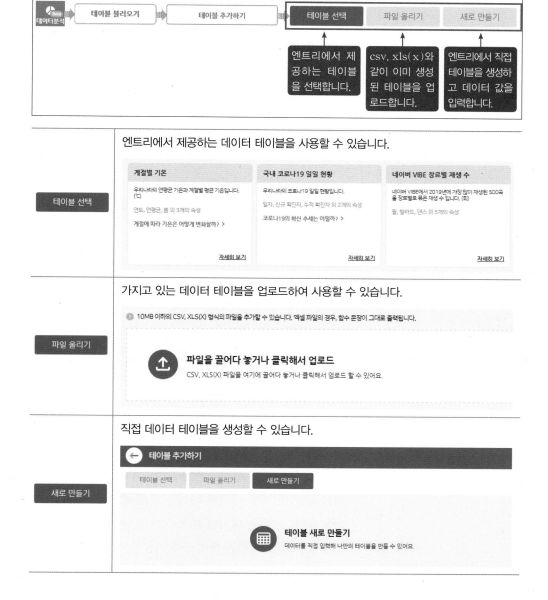

② 예측 모델 생성하기

엔트리에서는 회귀 모델을 예측 모델이라고 하는데, 그 이유는 회귀 모델을 통해 예측하기 때문입니다. 모델을 생성하는 방법은 다음과 같습니다.

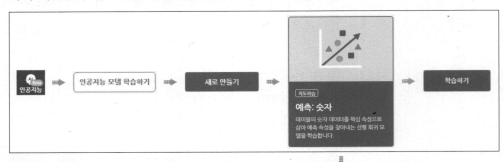

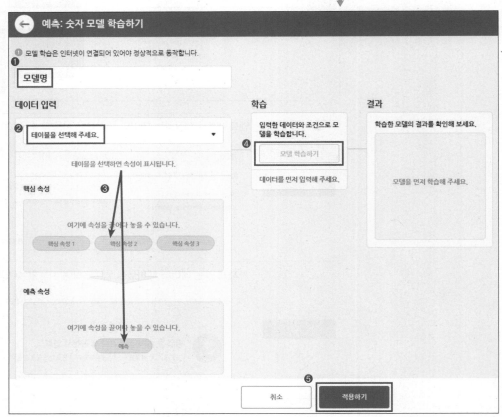

❶ 새로운 모델: 생성할 모델 이름을 입력합니다.

❷ 테이블 선택: 모델 생성에 이용할 데이터 테이블을 선택합니다.

❸ 핵심 속성: 선택한 데이터 테이블 속성 중 학습에 사용할 속성을 선택합니다.

　　예측 속성: 선택한 데이터 테이블 속성 중 예측에 사용할 속성을 선택합니다.

❹ 모델 학습하기: 입력된 데이터를 이용하여 학습을 합니다.

❺ 적용하기: 생성한 모델을 프로그래밍하여 활용하도록 적용합니다.

📝 **활동하기**　위도별 조류 종류 비교하기

위도에 따른 조류의 종류를 예측하기 위해 처리할 과정은 다음과 같습니다.

1. 데이터 수집 및 가공하기

① 다음과 같은 메뉴를 통해 데이터 테이블을 생성할 준비를 합니다.

② 테이블을 새로 만들어 위도별 조류의 종류 수를 입력하기 위하여 새로 만들기 버튼과 추가 버튼을 차례대로 클릭합니다.

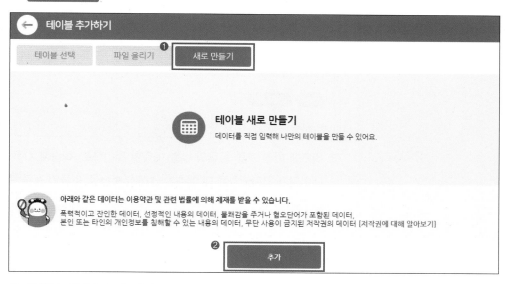

③ 생성한 테이블의 이름을 '위도와 조류 종류 관계 분석'이라고 입력하고, 테이블에 속성명과 값을 입력한 후 저장합니다.

〈입력 데이터〉

지역명	위도	조류의 종류
Bombay Hook	39.217	128
Cape Henlopen	38.8	137
Middletown	39.467	108
Milford	38.958	118
Rehoboth	38.6	135
Seaford-Nanticoke	38.583	94
Wilmington	39.733	113
Crisfield	38.033	118
Denton	38.9	96
Elkton	39.533	98
Lower Kent County	39.133	121
Ocean City	38.317	152
Salisbury	38.333	108
S. Dorchester County	38.367	118
Cape Charles	37.2	157
Chincoteague	37.967	125
Wachapreague	37.667	114

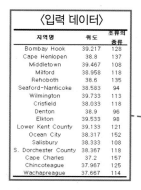
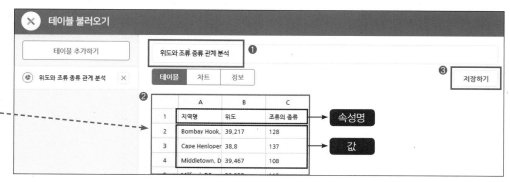

2. 모델 생성하기

① 다음 메뉴를 통해 뉴욕의 조류 종류의 수를 예측할 모델을 생성할 준비를 합니다.

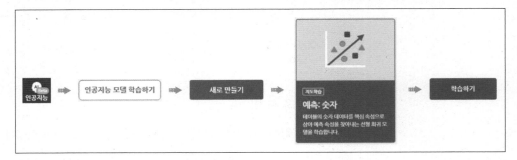

② 모델명을 입력하고, 예측에 사용할 데이터 테이블을 선택합니다.

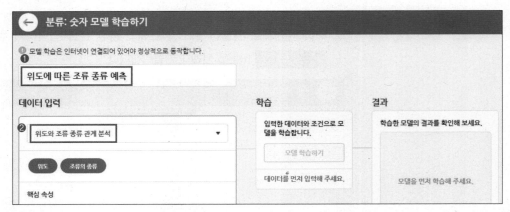

③ 위도에 따른 조류 종류의 수를 예측할 것이므로, 학습에 사용할 핵심 속성을 '위도'로, 새로운
데이터가 입력되었을 때 예측할 클래스 속성을 '조류의 종류'로 설정합니다.

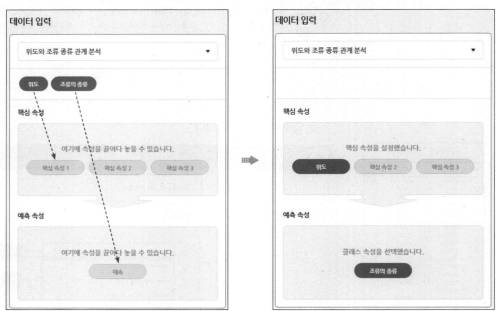

④ 위도와 조류 종류의 수와의 관계를 학습할 수 있도록 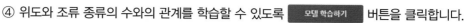 버튼을 클릭합니다.

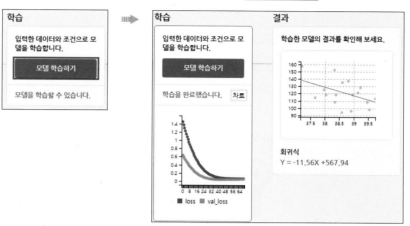

위도, 조류 종류의 2차원으로 이루어진 이 문제의 학습 결과는 손실률 그래프로 표시됩니다. x축은 학습시킨 횟수, y축은 손실률을 의미합니다. 학습 과정에서 발생한 손실률과 새로운 값이 입력되었을 때 발생하는 손실률이 적은 것을 선택할 수 있어야 합니다. 이 문제를 해결하는 모델이 $Y = -11.56X + 567.94$라는 회귀식을 통해 생성되었음을 의미합니다.

🔍 더 알아보기 **그래프가 의미하는 바가 무엇일까?**

학습 결과 그래프는 다음과 같이 해석할 수 있습니다. 파란색 선의 loss는 학습 데이터를 이용하여 모델을 학습시킬 때 발생 가능한 오류율을 의미하며, 주황색 선의 val_loss는 테스트 데이터를 이용하여 모델을 평가할 때 발생하는 오류율을 의미합니다. 따라서 두 그래프를 비교하면 다음과 같습니다.

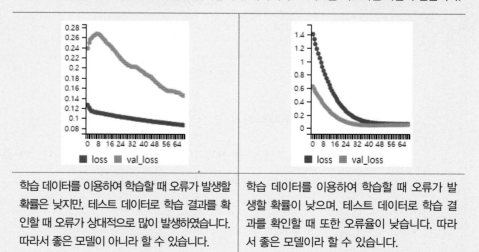

학습 데이터를 이용하여 학습할 때 오류가 발생할 확률은 낮지만, 테스트 데이터로 학습 결과를 확인할 때 오류가 상대적으로 많이 발생하였습니다. 따라서 좋은 모델이 아니라 할 수 있습니다.	학습 데이터를 이용하여 학습할 때 오류가 발생할 확률이 낮으며, 테스트 데이터로 학습 결과를 확인할 때 또한 오류율이 낮습니다. 따라서 좋은 모델이라 할 수 있습니다.

⑤ 모델 학습을 완료하였으면  버튼을 클릭하여 모델 생성을 완료합니다.

3. 프로그래밍하기

작성할 프로그램은 완성한 '위도에 따른 조류 종류의 수'를 예측하는 모델을 이용하여 뉴욕의 위도인 40.71901을 입력했을 때 예측 결과를 출력하도록 합니다.

① 뉴욕의 위도를 입력받을 수 있는 프로그램을 작성합니다.

② 인공지능 블록 꾸러미에서 예측값을 표시하는 블록을 다음과 같이 구성합니다.

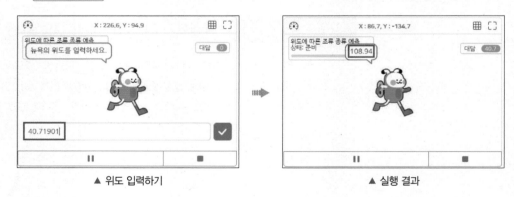

③ [▶] 버튼을 클릭하여 프로그램을 실행시킨 후 위도를 입력하여 결과를 확인합니다.

▲ 위도 입력하기   ▲ 실행 결과

4. 결과 해석하기

프로그램 실행 결과 108.94라는 값을 얻었습니다. 이 값은 뉴욕에 서식하는 조류 종류의 수가 약 108.94종이라는 것을 의미합니다.

🔍 깊이 이해하기   기계학습의 회귀 분석은 무엇일까?

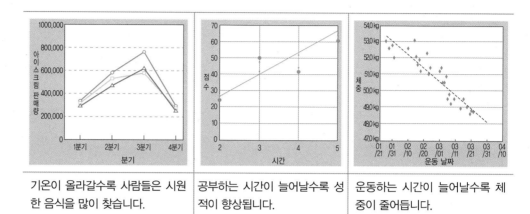

기온이 올라갈수록 사람들은 시원한 음식을 많이 찾습니다.	공부하는 시간이 늘어날수록 성적이 향상됩니다.	운동하는 시간이 늘어날수록 체중이 줄어듭니다.

위 세 가지 사례는 모두 회귀 분석에 해당하는 예시입니다. 한 요인이 어떤 특정 요인의 영향을 받을 때 이를 회귀라고 합니다. 엔트리에서는 예측이라는 용어를 사용하고 있습니다. 머신 러닝에서 예측에 사용되는 회귀 모델은 어떤 요인 간의 관계를 예측하기 위한 모델로, $y=ax+b$와 같은 함수식의 형태로 나타납니다.

만약, 한 요인(예: 성적)에 영향을 미치는 요인(예: 공부 시간)이 1개일 경우 단순 선형 회귀라고 하며, 영향을 미치는 요인이 많을 경우에는 다중 선형 회귀라고 합니다. 여기서 우리가 배울 것은 단순 선형 회귀입니다.

회귀 모델을 이용할 때에는 회귀 선을 그릴 때, 사용하는 데이터들에 손실이 일어납니다. 이유는 단순화된 그래프를 통해 예측하기 때문에 실젯값을 그대로 반영하지 않기 때문입니다. 그래서 회귀 모델에 필요한 선을 그릴 때는 손실을 최소화하는 것이 중요합니다.

엔트리의 인공지능에서는 이 손실이 'loss'와 'val_loss'로 표현됩니다. 'loss'는 학습 데이터를 이용하여 학습시킬 때 발생할 손실 가능성을 나타내는 값이며, 'val_loss'는 테스트 데이터를 이용하여 학습한 모델이 잘 작동하는지를 평가할 때 발생할 가능성을 나타내는 값입니다. 학습 데이터를 이용하여 학습할 때도 손실 가능성이 적은 것이 좋고, 학습 후 완성된 모델 또한 평가에서 손실 가능성이 적은 것이 좋습니다.

16 비지도 학습 – 군집

인공지능 교육 거점 센터를 어느 지역에 지어야 할까?

지금부터 여러분이 우리나라 인공지능 교육의 책임자라고 가정해 보겠습니다. 4차 산업 혁명의 핵심 기술인 인공지능을 학생들에게 잘 알려 주기 위해 전국에 5개의 '인공지능 교육 거점 센터'를 구축하려고 합니다. 단, 제주도는 교통 여건상 1개를 설치하기로 이미 의결이 되었습니다.

인구가 집중된 서울을 비롯한 수도권에 거점 센터를 설치하면 좋을까요? 아니면, 태백산맥 때문에 교통이 상대적으로 불편한 강원도에 설치할까요? 여러분이라면 나머지 4곳을 어느 지역에 설치하시겠습니까?

전국에 5개의 '인공지능 거점 센터'를 짓는다면 어느 위치가 좋을까?

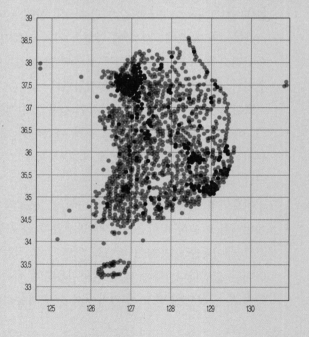

📝 **이 단원에서는 무엇을 알아볼까?**

전국에서 '인공지능 교육 거점 센터'를 5개만 설치할 수 있다면 어느 위치가 적절할까요? 기계학습의 비지도 학습 중 군집화를 통해 알아봅시다.

사용할 도구 알아보기

인공지능의 비지도 학습은 데이터 간의 경향이나 패턴, 특징 등을 분석할 때 사용됩니다. 예를 들면, 나의 관심사를 분석하여 비슷한 성향의 사람들을 추천해 주는 SNS상의 친구 추천 서비스나, 나와 쇼핑 패턴이 비슷한 손님들이 산 상품을 추천해 주는 인공지능 서비스가 있습니다. 이처럼 데이터들의 특성을 그룹 지어 그 경향성을 파악하는 것을 군집화(클러스터링)라고 합니다.

엔트리에서는 학습할 숫자를 표 형태로 업로드하거나 직접 표를 만들어서 설정한 묶음의 개수만큼 분류를 나눠 주는 군집화 모델 학습을 지원합니다. 여기에서는 엔트리에 포함된 "전국 중학교 위치"를 지리적으로 비슷한 권역 데이터로 묶어 보도록 하겠습니다.

① 웹 브라우저의 주소 창에 다음 주소(URL)를 입력합니다.

https://playentry.org

② 엔트리에서 인공지능 모델 학습을 사용하기 위해서는 [로그인] 후 [만들기]를 클릭합니다.

③ 모델 학습에 필요한 데이터를 추가하기 위해 [블록]ㅡ[데이터 분석] 메뉴를 선택한 후 [테이블 불러오기]를 클릭합니다.

④ [테이블 추가하기]를 클릭하여 '전국 중학교 위치'를 선택한 후 [추가] 버튼을 클릭합니다.

⑤ '전국 중학교 위치' 테이블은 2019년 데이터로 전국의 중학교 3,241개의 데이터로 구성되어 있습니다. 속성은 '학교이름', '지역', '위도', '경도'로 구성되어 있습니다.

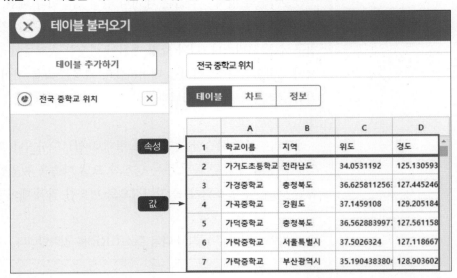

용어 설명

★ **경도**
지구상에서 기준선(영국 그리니치 천문대의 본초 자오선)을 기준으로 동쪽이나 서쪽으로 떨어져 있는 위치를 말합니다.

★ **위도**
적도를 기준으로 북쪽이나 남쪽으로 떨어져 있는 위치를 말합니다.

⑥ '경도'★'와 '위도'★'를 이용하여 전국의 중학교 분포도를 살펴보도록 합니다. [차트]를 선택한 후 ➕ 버튼을 클릭하여 점그래프를 선택합니다. 그리고 가로축에는 '경도', 세로축에는 '위도', 계열은 '구분하지 않음'을 선택합니다.

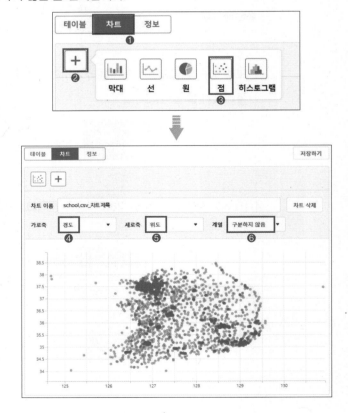

⑦ 차트를 확인하고 [저장하기] 버튼을 클릭한 후, 왼쪽 상단의 창에서 ⊗를 클릭하여 엔트리 프로그래밍 환경으로 이동합니다.

⑧ 군집 모델 학습을 위해 [인공지능] 블록을 선택하고, [인공지능 모델 학습하기]를 클릭합니다.

⑨ 학습할 모델 선택하기에서 '군집: 숫자'를 선택하고, 학습하기 버튼을 클릭합니다.

⑩ 모델 이름을 '거점센터'라고 입력하고, 데이터 입력에서 '전국 중학교 위치'를 선택합니다. 그리고, 핵심 속성을 '경도', '위도' 순으로 클릭합니다. 경향성을 몇 그룹으로 나눌지를 1~4 중에 선택 후 군집 개수를 입력합니다.

⑪ [모델 학습하기]를 클릭하여 결과를 확인하고 [적용하기] 버튼을 클릭합니다.

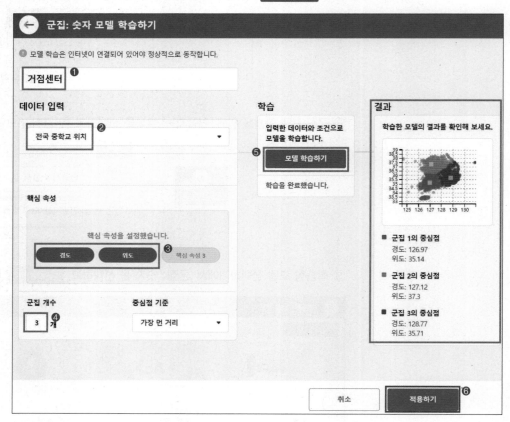

⑫ [인공지능] 블록에서 '모델 차트 창 열기' 블록을 통해 군집화된 결과를 확인합니다.

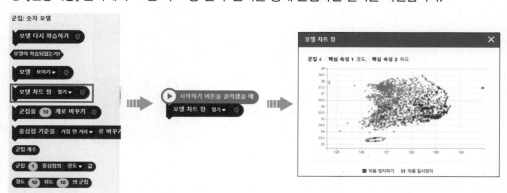

📝 **활동하기** '인공지능 교육 거점 센터' 지역 선정하기

다음과 같은 과정을 통해 문제 분석부터 인공지능 모델 활용까지 따라 해 봅시다.

1. 문제 상황

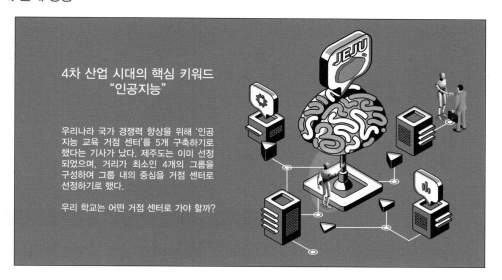

4차 산업 시대의 핵심 키워드
"인공지능"

우리나라 국가 경쟁력 향상을 위해 '인공지능 교육 거점 센터'를 5개 구축하기로 했다는 기사가 났다. 제주도는 이미 선정되었으며, 거리가 최소인 4개의 그룹을 구성하여 그룹 내의 중심을 거점 센터로 선정하기로 했다.

우리 학교는 어떤 거점 센터로 가야 할까?

2. 문제 정의 및 해결 과정

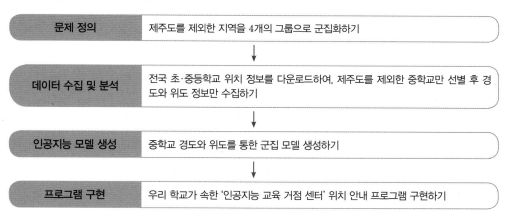

| 문제 정의 | 제주도를 제외한 지역을 4개의 그룹으로 군집화하기 |

↓

| 데이터 수집 및 분석 | 전국 초·중등학교 위치 정보를 다운로드하여, 제주도를 제외한 중학교만 선별 후 경도와 위도 정보만 수집하기 |

↓

| 인공지능 모델 생성 | 중학교 경도와 위도를 통한 군집 모델 생성하기 |

↓

| 프로그램 구현 | 우리 학교가 속한 '인공지능 교육 거점 센터' 위치 안내 프로그램 구현하기 |

3. 데이터 수집 및 분석

전국 초·중등학교 위치 표준 데이터
https://www.data.
go.kr/data/15021148/
standard.do

    수집해야 할 데이터는 이미 '인공지능 교육 거점 센터'가 정해진 제주도를 제외한 중학교의 위치 정보입니다. 따라서 전국 중학교의 경도와 위도가 포함된 데이터에서 제주도에 있는 학교를 삭제해야 합니다. 전국에 3,000개가 넘는 중학교의 위치 정보를 모두 조사하는 것은 힘들기 때문에 공공 데이터를 이용하도록 합니다.

csv

자료들이 콤마(,)로 나뉘어진 데이터 형태의 파일 확장자입니다.

① 전국 초·중등학교의 위치 데이터는 공공 데이터 포털에서 다운로드할 수 있습니다. 먼저 파일 형태를 'xls' 또는 'csv'로 다운로드하여 데이터를 살펴보도록 합니다.

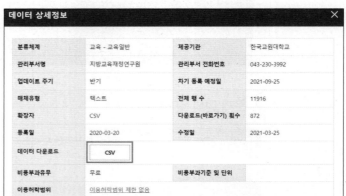

② 다운로드한 데이터에는 학교명, 설립 형태, 소재지도로명주소, 시도교육청명 등 많은 속성으로 구성되어 있습니다. 총 11,964개의 학교 정보가 있으며 우리에게 필요한 속성은 '학교명', '학교급구분', '시도교육청명', '위도', '경도'이므로 나머지 속성은 모두 삭제하도록 합니다.

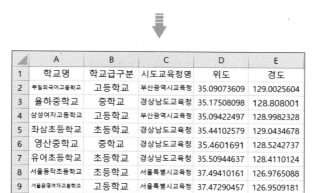

▲ 정리된 데이터

③ 현재 데이터에는 초·중등학교가 모두 포함되어 있으므로 '학교급구분'으로 정렬하여 중학교
를 제외한 데이터를 모두 삭제하여 3,263개의 중학교 데이터만 남깁니다. 그리고 제주도에 있
는 중학교도 제거해야 하므로 '시도교육청명'으로 정렬한 후 '제주특별자치도교육청'을 삭제하
면, 3,216개의 학교 데이터가 남습니다.

[파일]-[다른 이름으로 저장] 메뉴를 누른 후 파일명을 'school.csv'로 저장합니다. 이때, 한
글이 깨지는 현상을 방지하기 위해 파일 형식은 반드시 'CSV UTF-8(쉼표로 분리)'를 선택
하도록 합니다.

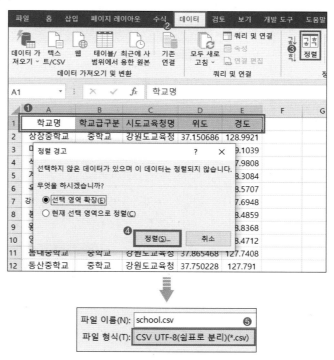

④ 엔트리 모델을 생성하기 위해 데이터를 불러오도록 합니다. [데이터 분석]－[테이블 불러오기]－[파일 올리기] 메뉴로 저장한 데이터 파일을 업로드합니다. 이때, 한글이 특수 문자 등으로 이상하게 보일 수 있으므로 주의합니다.

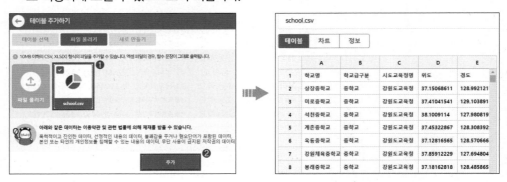

4. 인공지능 모델 생성

[엔트리 모델 학습하기]에서 '군집: 숫자'를 선택하여 '경도'와 '위도' 데이터를 통해 4개의 군집을 생성하도록 하겠습니다.

① 엔트리 프로그래밍 환경에서 [인공지능]－[인공지능 모델 학습하기] 메뉴를 클릭하고, 여러 모델 중 '군집: 숫자'를 클릭합니다.

② 모델명은 '인공지능 교육 거점 센터', 데이터 입력 파일명은 'school.csv'를 선택합니다. 핵심 속성을 '경도'와 '위도' 순으로 설정하고, 군집 개수는 4개로 설정한 후 <kbd>학습하기</kbd> 버튼을 클릭합니다. 학습 후 군집 4개의 경도, 위도를 보면, 4개의 그룹이 생성된 것을 볼 수 있습니다.

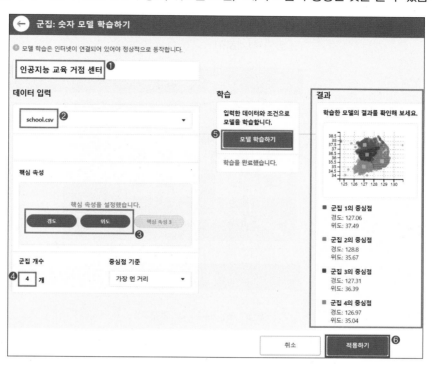

추가 활동

군집의 중심점* 주소를 찾아 적어 볼까요?

용어 설명

★ **중심점**
군집 내에서 중심이 되는 점 (위치)을 말합니다.

군집 학습 결과 '인공지능 교육 거점 센터'로 선정된 지역의 주소를 적어 봅시다. 인터넷 지도 서비스를 통해 경도와 위도를 입력하면 위치를 확인할 수 있습니다.

군집	경도	위도	주소

5. 프로그램 구현

내가 다니는 학교의 경도와 위도를 입력하면, 담당하는 인공지능 교육 거점 센터를 알려 주는 프로그램을 구현해 봅시다.

① 화면 설계하기

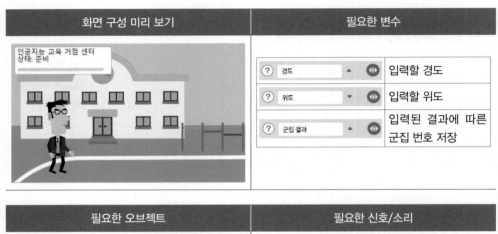

② 학교 위치 입력하기

학교의 경도와 위도를 입력하는 부분입니다. 경도와 위도를 입력받아 각각 변수에 저장하고, '결과 안내' 신호를 보냅니다.

③ 학교에 속한 거점 센터 알려 주기

군집 모델에 입력한 경도와 위도를

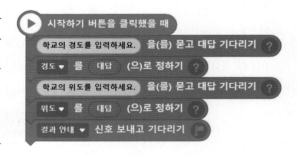

입력하면 4개의 군집 중 어떤 군집에 속하는지를 알려 줍니다. 이를 사용자에게 말하기를 통해 안내합니다.

④ 실행하기

완성된 프로그램을 실행하면 선생님이 '경도'와 '위도'를 물어보고, 위치를 입력하면 속한 학교 위치에 따라 해당하는 교육 거점 센터의 군집 숫자를 알려 줍니다.

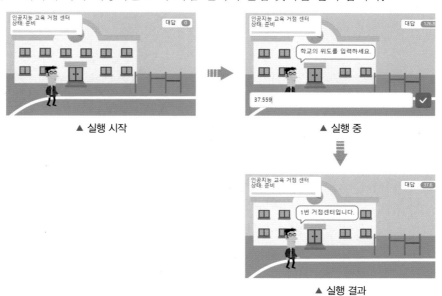

▲ 실행 시작   ▲ 실행 중

▲ 실행 결과

추가 활동

'인공지능 교육 거점 센터'에 대해 소개해 볼까요?

4곳의 '인공지능 교육 거점 센터'의 주소를 친절하게 안내하는 프로그램으로 업그레이드해 봅시다.

깊이 이해하기   **군집화(clustering)**

사진을 입력하면 그 사진의 대상을 알려 주는 이미지 인식 인공지능은 대부분 그 대상의 이미지를 학습한 결과로 알려 주는 것입니다. 그 대상이 '사자'나 '호랑이'일 때, 이 사진은 '사자'이고, 저 사진은 '호랑이'라고 정답(레이블)을 알려 주면서 학습합니다. 하지만, 정답이 없는 데이터를 학습하면 어떤 동물인지 알려 줄 수 없습니다. 군집화는 정답이 없는 데이터들을 몇 개의 그룹으로 만드는 방법입니다.

'유유상종(서로 비슷한 집단끼리 모인다는 의미)'과 같이 학습한 '어떤 데이터랑 비슷하네!' 정도만 알려 줄 수 있습니다. 즉, 학습 데이터에서 비슷하나 속성을 가진 데이터끼리 그룹(모임)을 형성하면서 전체 데이터가 '이런 경향성이 있구나'를 파악할 수 있게 됩니다. SNS는 어떤 기술을 활용하여 친구를 추천해 주는 걸까요? 나와 같은 학교, 취미 등을 분석하여 나와 비슷한 그룹으로 형성된 사람들을 추천해 주는 것입니다.

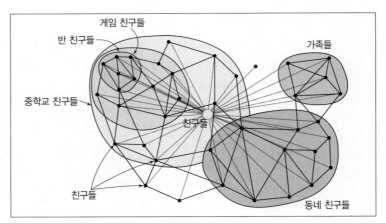

▲ SNS상에서 형성된 그룹

군집화에 가장 기본적으로 사용되는 방법이 k−평균(k−means) 군집화입니다. 다음 그림과 같은 데이터(a)가 있을 때 2개의 임의의 중심점(centroid)을 임의의 위치에 생성합니다(b). 데이터들은 2개의 중심점 중 가까운 하나를 선택하게 되며(c), 중심점들은 자신을 선택한 데이터 간의 거리를 최소화할 수 있는 지점으로 이동하게 됩니다(d). 이동한 중심점을 기준으로 데이터들은 다시 가까운 중심점을 선택하게 됩니다(e). 이러한 과정(d, e)을 반복해서 더는 중심점이 움직이지 않으면 2개의 그룹이 만들어집니다. 이때, 2개는 인공지능 설계자가 K=2로 설정한 것으로 K를 몇 개로 나누느냐에 따라 다른 그룹으로 형성됩니다. 이러한 과정을 통해 데이터들이 비슷한 경향을 가진 그룹으로 묶입니다.

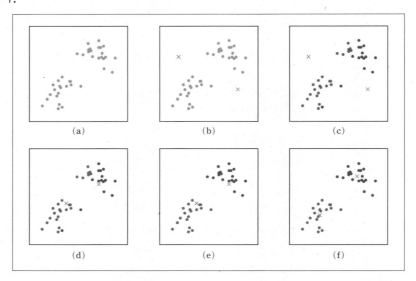

📝 확인해 보기

정답이 없는 군집화 방법을 이용한 서비스의 예시를 찾아볼까요?

▶ 🔖 넷플릭스 취향 추천하기, 아마존 추천 시스템 등

❶ 산점도

우리 생활 주변에서 얻는 자료의 두 변량 중에는 서로 관계가 있는 것도 있고 전혀 관계가 없는 것도 있다. 이때 두 변량을 그래프로 나타내면 이들 사이의 관계를 알아보기 편리하다.

어떤 자료에서 두 변량 x와 y에 대하여 순서쌍 $(x,\ y)$를 좌표평면 위에 점으로 나타낸 그래프를 x와 y의 산점도라고 한다.

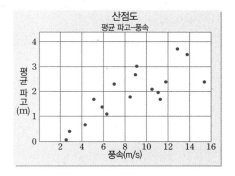

❷ 상관관계

위 산점도로부터 풍속과 평균 파고 사이에 어떤 관계가 있음을 알 수 있는데, 이와 같은 두 변량 사이의 관계를 상관관계라고 한다.

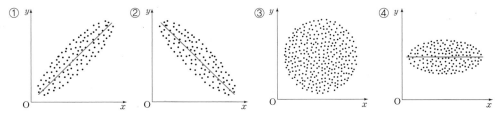

① 어떤 자료에서 두 변량 x와 y에 대하여 x의 값이 커짐에 따라 y의 값도 대체로 커지는 관계가 있을 때, 두 변량 사이에는 '양의 상관관계가 있다'고 한다.
② x의 값이 커짐에 따라 y의 값이 대체로 작아지는 관계가 있을 때, 두 변량 사이에는 '음의 상관관계가 있다'고 한다.
③ 어떤 자료에서 두 변량 x와 y에 대하여 x의 값이 커짐에 따라 y의 값이 커지는지 또는 작아지는지 그 관계가 분명하지 않은 경우에, 두 변량 사이에는 '상관관계가 없다'고 한다.
④ 양 또는 음의 상관관계가 있는 산점도에서 점들이 한 직선에 가까이 분포되어 있을수록 '상관관계가 강하다'고 하고, 흩어져 있을수록 '상관관계가 약하다'고 한다.

확인 문제 1

오른쪽 산점도는 어느 학교 학생들의 수학 성적과 영어 성적을 조사하여 나타낸 것이다. A, B, C, D, E 5명의 학생 중 수학과 영어 성적의 차이가 가장 큰 학생은?

① A   ② B   ③ C
④ D   ⑤ E

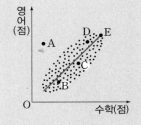

| 수학으로 풀어 보기 |

산점도에서 오른쪽 위로 향하는 대각선으로부터 멀리 떨어질수록 두 과목의 성적의 차이가 크다. 따라서 성적의 차이가 가장 큰 학생은 A이다.

답 ①

17 동작 인식

인공지능을 적용한 게임을 만들 수 있을까?

이용자의 움직임을 인식하는 게임기 앞에서 화면에 나오는 동작대로 춤을 춰 본 적이 있나요? 아니면 야구 게임에서 직접 타자가 되어 홈런을 날려 본 적이 있나요? 그렇다면 게임기는 어떻게 이용자의 움직임을 인식할까요? 게임기는 카메라와 비슷한 모션 인식 장치를 통해 이용자의 동작이나 얼굴을 인식합니다. 최근에는 적외선 카메라 등의 센서와 딥러닝 기술이 발전하면서 모션 인식 기술도 급속도로 발전하여 댄스, 스포츠, 자동차 경주, 요가 등 다양한 게임에서 실제와 비슷할 정도로 정확하게 동작을 인식하는 수준이 되었습니다. 우리도 모션 인식 기술을 적용하여 게임을 만들어 볼까요?

📝 **이 단원에서는** 무엇을 알아볼까?

얼굴을 인식하는 인공지능 기술을 적용한 재미있는 게임 프로그램을 만들어 봅시다.

사용할 도구 알아보기

엔트리에는 카메라로 입력되는 영상을 통해 주변의 사람, 얼굴, 사물을 인식하는 '비디오 감지 인공지능 블록'이 있습니다. '비디오 감지 인공지능 블록'은 사람의 신체 부위, 얼굴의 부위 인식, 80여 개의 사물을 인식할 수 있도록 학습된 인식 모델입니다.

비디오 감지
카메라를 이용하여 사람(신체), 얼굴, 사물 등을 인식하는 블록들의 모음입니다.
(IE 및 iOS 미지원)

비디오 감지 모델 사용 시 주의사항

＊노트북 카메라나 웹캠과 같은 카메라가 필요합니다.
＊인터넷 익스플로러나 iOS에서는 동작하지 않습니다.
＊다른 프로그램에서 같은 카메라를 사용하지 않아야 합니다.
＊반드시 인터넷과 연결되어 있어야 합니다.

---

1. '비디오 감지 인공지능 블록'이 인식할 수 있는 부위나 사물

- **사람:** 얼굴, 목, 왼쪽 눈, 오른쪽 눈, 왼쪽 귀, 오른쪽 귀, 왼쪽 어깨, 오른쪽 어깨, 왼쪽 팔꿈치, 오른쪽 팔꿈치, 왼쪽 손목, 오른쪽 손목, 왼쪽 엉덩이, 오른쪽 엉덩이, 왼쪽 무릎, 오른쪽 무릎, 왼쪽 발목, 오른쪽 발목
- **얼굴:** 왼쪽 눈, 오른쪽 눈, 코, 왼쪽 입꼬리, 오른쪽 입꼬리, 윗입술, 아랫입술
- **사물:** 사람, 자전거, 자동차, 오토바이, 비행기, 버스, 기차, 트럭, 보트, 신호등, 소화전, 정지 표지판, 주차 미터기, 벤치, 새, 고양이, 개, 말, 양, 소, 코끼리, 곰, 얼룩말, 기린, 배낭, 우산, 핸드백, 넥타이, 여행 가방, 원반, 스키, 스노보드, 공, 연, 야구 배트, 야구 글러브, 스케이트보드, 서프보드, 테니스 라켓, 병, 와인 잔, 컵, 포크, 나이프, 숟가락, 그릇, 바나나, 사과, 샌드위치, 오렌지, 브로콜리, 당근, 핫도그, 피자, 도넛, 케이크, 의자, 소파, 화분, 침대, 식탁, 변기, 텔레비전, 노트북, 마우스, 리모컨, 키보드, 핸드폰, 전자레인지, 오븐, 토스터, 싱크대, 냉장고, 책, 시계, 꽃병, 가위, 테디베어, 헤어드라이어, 칫솔

2. '비디오 감지 인공지능 블록'에서 사용할 수 있는 명령 블록

비디오 감지 인공지능 명령 블록	
비디오 화면 보이기 ▼	카메라가 촬영되는 화면을 엔트리 실행 화면에서 보이거나 숨길 수 있습니다.
비디오가 연결되었는가?	컴퓨터에 카메라가 연결되어 있는 경우, '참'으로 판단합니다.
비디오 투명도 효과를 0 으로 정하기	비디오 화면의 투명도 효과를 조절합니다.
사람 ▼ 인식 시작하기	선택한 인식 모델을 동작시키거나 중지시킵니다.
사람 ▼ 인식이 되었는가?	사람/얼굴/사물이 인식이 된 경우, '참'으로 판단합니다.
1 ▼ 번째 사람의 얼굴 ▼ 의 x ▼ 좌표	인식된 사람 신체 부위의 x, y 좌표를 알려 줍니다.
1 ▼ 번째 얼굴의 왼쪽 눈 ▼ 의 x ▼ 좌표	인식된 사람 얼굴 부위의 x, y 좌표를 알려 줍니다.
1 ▼ 번째 얼굴의 성별 ▼	인식된 사람의 성별/나이/감정의 예측값을 알려 줍니다. 인식이 잘되지 않으면 0으로 예측해 줍니다.

3. 얼굴 표정 알려 주는 프로그램 만들기

① 인공지능 모델을 불러오기 위해 [블록]－[인공지능]－[인공지능 블록 불러오기]를 클릭하고, '비디오 감지'를 선택한 후 [추가] 버튼을 클릭합니다.

② 카메라로 얼굴 표정을 인식하기 위해 얼굴 인식을 시작하고, 정확히 얼굴을 인식할 때까지 기다립니다. 얼굴의 감정은 분노, 혐오, 두려움, 행복, 무표정, 슬픔, 놀람 7가지가 있습니다. 다음 프로그램에서 얼굴 표정 중 행복, 놀람, 무표정만 안내합니다.

```
▶ 시작하기 버튼을 클릭했을 때
Microsoft® LifeCam VX-2000 (045e:0761) ▼ 카메라로 바꾸기
비디오 화면 보이기 ▼
얼굴 ▼ 인식 시작하기 ▼
계속 반복하기
    얼굴 ▼ 인식이 되었는가?   이(가) 될 때까지 기다리기
    만일   1 ▼ 번째 얼굴의 감정 ▼ = 행복   (이)라면
        행복한 표정입니다.  을(를) 말하기 ▼
    아니면
        만일   1 ▼ 번째 얼굴의 감정 ▼ = 놀람   (이)라면
            놀란 표정입니다.  을(를) 말하기 ▼
        아니면
            무표정입니다.  을(를) 말하기 ▼
    1  초 기다리기
```

📝 활동하기　**날아오는 돌을 피하는 모션 인식 게임**

다음과 같은 과정을 거쳐 문제 분석부터 비디오 감지 기능까지 활용해 봅시다.

1. 문제 상황

2. 문제 정의 및 해결 과정

문제 정의	날아오는 장애물을 피하는 모션 인식 게임 구현하기

↓

인공지능 블록 추가	'비디오 감지 인공지능 블록' 선택하여 추가하기

↓

프로그램 구현	얼굴을 인식해서 날아오는 장애물을 피하는 시간을 기록하고, 가장 오래 버틴 기록을 누적하는 프로그램 구현하기

3. 인공지능 블록 추가

　엔트리에서 [인공지능 블록 불러오기] 중 신체를 감지하기 위해 '비디오 감지' 블록을 추가하도록 합니다. 이 블록은 이미 사람의 신체 부위, 얼굴 부위 등과 80여 개의 사물을 학습시켜 놓은 모델들입니다. 이 블록으로 신체 부위나 사물을 인식하거나, 인식된 사물 또는 신체 부위의 좌푯값 등을 사용할 수 있으며, 얼굴의 경우 표정, 나이, 성별까지 인식할 수 있습니다.

① 엔트리 프로그래밍 환경에서 [인공지능]-[인공지능 블록 불러오기]를 클릭합니다.

② '비디오 감지'를 선택한 후 [추가] 버튼을 클릭합니다.

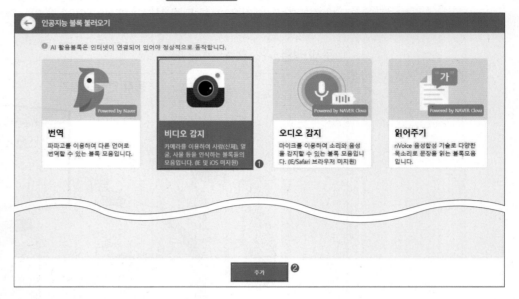

4. 프로그램 구현

카메라로 얼굴을 인식하여 얼굴 위치에 따라 자동으로 움직이는 캐릭터가 날아오는 장애물을 피하는 모션 인식 게임 프로그램을 구현하도록 합니다.

① 화면 설계하기

화면 구성뿐만 아니라 필요한 변수와 오브젝트들을 지정합니다.

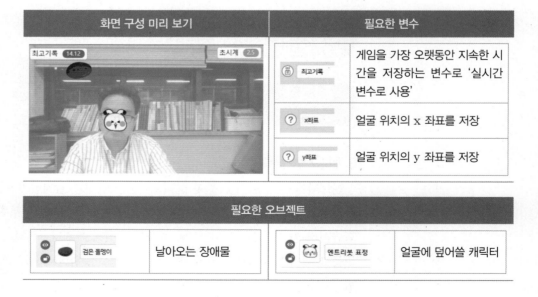

② 얼굴을 인식하고 따라다니는 캐릭터

카메라로 입력되는 얼굴을 인식하고, 얼굴의 위치를 따라 움직이는 캐릭터를 만들도록 합니다. 먼저 엔트리 실행 화면에서 비디오 화면이 보이고, 캐릭터와 얼굴이 겹쳐 보이도록 투명도를 조절합니다. 그리고 비디오 감지에서 얼굴 모델을 선택합니다.

또한 사람의 얼굴이 인식되었으면 얼굴의 x, y 좌표를 저장하여 캐릭터가 움직이도록 합니다.

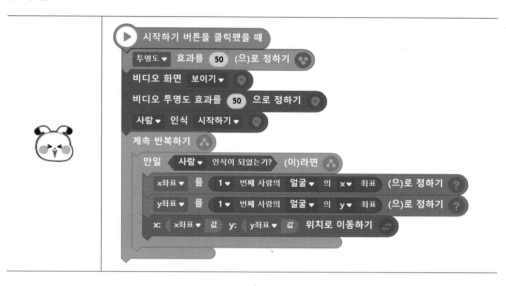

③ 장애물 움직이기

장애물이 일정 방향으로 움직이면 예측할 수 있으므로 재미없는 게임이 됩니다. 따라서 임의로 방향을 살짝 움직일 수 있도록 무작위 수를 만들어 이동 방향을 설정합니다.

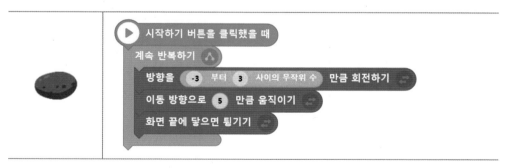

④ 장애물과 캐릭터가 닿으면 게임 종료하기

'엔트리봇 표정' 오브젝트는 얼굴을 인식하고 움직이고, 장애물은 임의로 움직이므로 두 오브젝트가 만나면 게임이 끝나도록 합니다. 이때, 장애물을 피하는 시간을 초시계를 통해 계산하고, 최고 기록은 엔트리 서버에 저장되게 합니다.

블록 코드:

```
▶ 시작하기 버튼을 클릭했을 때
초시계 시작하기 ▼
계속 반복하기
  만일  엔트리봇 표정 ▼  에 닿았는가?  (이)라면
    게임 끝  을(를)  말하기 ▼
    초시계 정지하기 ▼
    만일  초시계 값  >  최고기록 ▼  값  (이)라면
      최고기록 ▼  를  초시계 값  (으)로 정하기
    모든 ▼  코드 멈추기
```

⑤ 실행하기

게임이 시작되면 비디오 보이기 블록으로 인해 카메라에 포착된 캐릭터를 덮어쓴 얼굴과 주변의 모습이 화면에 보입니다. 동시에 장애물이 여러 방향으로 빠르게 움직이고, 화면 가장자리에서 튕겨 화면 여러 곳을 움직입니다. 사람 얼굴의 위치에 따라 함께 움직이는 캐릭터가 장애물에 닿지 않도록 얼굴을 움직여 게임을 합니다. 만약 장애물이 엔트리봇 표정 오브젝트에 닿으면 '게임 끝'이라고 알려 주고 게임을 끝냅니다. 게임 시작과 동시에 작동된 초시계는 게임이 끝나면 멈추며, 만약 최고 기록을 경신하게 되면 최고 기록 변수의 값도 경신되도록 합니다.

▲ 게임 시작 전	▲ 게임 중	▲ 최고 기록 달성 시

추가 활동

게임을 업그레이드해 볼까요?

장애물의 개수를 늘리거나, 시간에 따라 장애물의 움직임이 더욱 빨라지도록 게임을 업그레이드해 봅시다.

🔍 깊이 이해하기　딥러닝과 제스처 인식 기술

　최근 스마트 기기의 관심 분야는 음성 인식과 같이 사용자가 편리하게 이용할 수 있는 자연스러운 사용자 인터페이스(NUI; Natural User Interface) 기술입니다. 음성 인식과 함께 많이 사용되는 NUI 기술이 바로 제스처(모션) 인식 기술입니다. 최근에는 모션 센서와 더불어 딥러닝의 발전으로 제스처 인식 기술이 눈부신 성장을 보여 주고 있습니다.

립모션: 비접촉식 센서

미요 암밴드로 로봇 제어 중

▲ 여러 가지 제스처 인식 기술

　적외선 카메라를 이용한 원거리 제스처 인식 센서, 눈동자 추적 센서뿐만 아니라 최근에는 근섬유의 움직임을 감지하는 센서 등 다양한 센서들이 진화하고 있습니다. 이러한 센서와 인공지능을 활용한 손 제스처 인식 기술, 전신 제스처 인식 기술 등의 연구가 활발히 진행되고 있습니다. 손 제스처 인식은 손의 위치, 모양, 궤적을 이용하여 자동차 주변 기기 제어, 수화 번역 등에 사용되며, 온몸을 인식하는 전신 제스처 인식은 신체 관절을 그래프 형태로 모델링하여 연극, 영화 등에 활용됩니다. 이러한 제스처 인식 기술은 딥러닝을 통해 정확도를 향상할 수 있으며, 게임과 기계 제어뿐만 아니라 의사의 손동작을 인식하여 수술을 대신하는 등으로도 활용될 수 있어서 그 응용 분야가 무궁무진합니다.

🔍 더 알아보기　모션 캡처와 인공지능의 조합 '무브 미러(Move Mirror)'

　무브 미러는 인공지능과 17가지 신체 부위 움직임을 감지해 모션 캡처(Motion capture)를 결합한 서비스입니다. 카메라를 통해 인식된 동작과 약 8만여 개의 이미지 데이터베이스에서 가장 유사한 동작의 사진을 찾아주고 움직이는 사진(GIF)으로 저장해서 공유도 가능합니다.

18 인공지능 문제 해결

외국인과 자유롭게 소통할 수는 없을까?

길을 가다가 외국인 친구를 만나서 자유롭게 이야기를 나누거나 다른 나라의 언어로 쓰인 책 또는 인터넷 페이지를 쉽게 읽고 이해할 수 있나요? 열심히 공부해도 다른 나라의 언어를 활용하는 것은 쉬운 일이 아닙니다. 하지만, 딥러닝이 발전하면서 구글 번역이나 네이버 파파고 등 인공지능 번역 서비스의 성능이 향상됨에 따라 완성도 또한 눈에 띄게 개선되었습니다. 스마트폰의 앱처럼 실시간 번역하는 프로그램을 만들면 외국인과 자유롭게 소통할 수 있지 않을까요?

이 단원에서는 무엇을 알아볼까?

다른 나라 친구들과 자유롭게 대화하기 위한 인공지능 언어 번역 서비스 프로그램을 만들어 봅시다.

사용할 도구 알아보기

• 네이버 papago

• 구글 번역

• 지니톡

기계 번역은 입력된 언어를 다른 나라의 언어로 번역하는 인공지능 서비스로 사진이나 영상 속의 글자, 음성으로 인식된 문자, 사람이 입력한 텍스트를 번역하여 화면으로 보여 주거나 음성으로 들려 줄 수 있습니다. 대표적으로 100개 이상의 언어를 지원하는 '구글 번역', 10여 개의 언어를 지원하는 '네이버 파파고', 자동 통역·번역 소프트웨어인 한글과 컴퓨터의 '지니톡' 등이 있습니다.

여러 번역 서비스 중 엔트리와 연동이 가능한 기계 번역 모델인 파파고, 음성을 인식할 수 있는 네이버 클로바, 문자를 음성으로 합성해 주는 네이버의 nVoice라는 프로그램을 이용하도록 하겠습니다. 이 프로그램들은 수많은 데이터를 학습하였으며, 엔트리의 인공지능 블록 불러오기를 통해 쉽게 사용할 수 있습니다.

• **네이버 파파고**: 네이버가 무료로 제공하는 기계 번역 서비스로, 파파고라는 이름은 앵무새를 뜻하는 에스페란토어에서 유래합니다. NAVER LABS에서 자체 개발한 인공 신경망 기반 번역 서비스로 한국어, 영어 등 약 14~15개의 언어 번역을 지원합니다. 엔트리 인공지능 블록 중 '번역'에 해당합니다.
• **네이버 클로바**: 네이버의 인공지능 플랫폼으로 검색 기능, 날씨 정보, 음악 추천 및 재생, 번역, 영어 자유 대화 등의 기능을 제공합니다. 이 프로젝트에서는 사람의 음성을 글자로 변환해 주는 음성 인식 기술을 사용합니다. 엔트리 인공지능 블록 중 '오디오 감지'에 해당합니다.
• **네이버 nVoice**: 네이버의 인공지능 음성 합성 기술로 글자를 사람의 목소리로 변환하는 TTS (Text to Speech) 서비스를 제공합니다. 여성 목소리, 남성 목소리, 친절한 목소리 등 다양한 목소리와 함께 속도, 음높이를 조절할 수 있습니다. 엔트리 인공지능 블록 중 '읽어 주기'에 해당합니다.

예 한국어를 영어로 바꾼 번역기

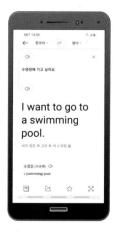

1. 엔트리를 이용하여 한국어를 영어로 번역하기

① 웹 브라우저의 주소 창에 다음의 주소(URL)를 입력합니다.

> https://playentry.org

② 엔트리 프로그램 환경에서 인공지능 모델을 불러오기 위해 [블록]−[인공지능]−[인공지능 블록 불러오기]를 클릭합니다.

③ 기계 번역 서비스를 제공하는 '번역'을 클릭한 후 [추가] 버튼을 클릭합니다.

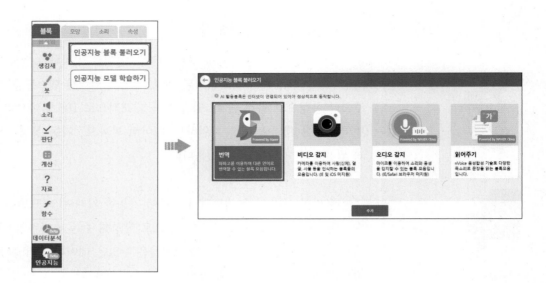

④ 새로운 명령 블록이 추가된 것을 확인할 수 있습니다.

한국어 ▼ 엔트리 을(를) 영어 ▼ 로 번역하기	입력한 문잣값을 선택한 언어로 번역
엔트리 의 언어	입력한 문잣값의 언어를 감지

이때, 인공지능으로 번역할 수 있는 언어들은 다음과 같습니다.

영어	스페인어	포르투갈어	일본어	한국어
프랑스어	태국어	중국어간체	독일어	힌디어
베트남어	중국어번체	러시아어	인도네시아어	

⑤ '묻고 대답 기다리기' 블록으로 입력받은 한국어를 영어로 번역하는 간단한 프로그램을 다음과 같이 만들어 봅시다.

2. 인식한 음성을 다른 목소리로 바꿔 들려주기

① 인공지능 모델을 불러오기 위해 [블록]-[인공지능]-[인공지능 블록 불러오기]를 클릭하고, '오디오 감지'와 '읽어주기'를 선택한 후   추가   버튼을 클릭합니다.

번역 파파고를 이용하여 다른 언어로 번역할 수 있는 블록 모음입니다.	**비디오 감지** 카메라를 이용하여 사람(신체), 얼굴, 사물 등을 인식하는 블록들의 모음입니다. (IE 및 iOS 미지원)	**오디오 감지** 마이크를 이용하여 소리와 음성을 감지할 수 있는 블록 모음입니다. (IE/Safari 브라우저 미지원)	**읽어주기** nVoice 음성합성 기술로 다양한 목소리로 문장을 읽는 블록모음입니다.

② 새로운 명령 블록이 추가된 것을 확인할 수 있습니다.

마이크가 연결되었는가?	마이크가 연결되었는지를 알려 주는 블록입니다.
음성 인식하기	음성 인식 창으로 목소리를 인식하는 블록입니다.
음성을 문자로 바꾼 값	인식된 음성을 문잣값으로 저장하고 있는 블록입니다.
마이크 소리크기	입력된 소리 크기를 알려 주는 블록입니다.
엔트리 읽어주기	입력 내용을 설정된 목소리로 읽어 주는 블록입니다.
엔트리 읽어주고 기다리기	입력 내용을 읽어 주고, 다 읽을 때까지 기다리는 블록입니다.

• **목소리 (첫 번째 목록 상자)** ○ 여성 , 남성 , 친절한 , 감미로운 , 울리는 , 장난스러운 , 앙증맞은 • **읽는 속도 (두 번째 목록 상자)** ○ 매우 느린 , 느린 , 보통 , 빠른 , 매우 빠른 • **음 높이 (세 번째 목록 상자)** ○ 매우 낮은 , 낮은 , 보통 , 높은 , 매우 높은	들려 줄 목소리, 속도, 음높이 설정하기

③ 인식된 음성을 글자로 바꾸고 목소리로 읽어 주는 간단한 프로그램을 다음과 같이 만들어 봅시다.

다음과 같은 과정을 통해 문제 상황 분석부터 인공지능 모델 활용까지 따라 해 봅시다.

1. 문제 상황

2. 문제 정의 및 해결 과정

문제 정의	입력한 글자나 음성의 언어를 인식해 한국어나 영어로 번역해 주는 인공지능 번역 프로그램 만들기

↓

인공지능 블록 추가	음성 인식, 기계 번역, 음성 합성 모델 선택하여 추가하기

↓

프로그램 구현	입력된 글자나 음성 인식의 언어를 인식해서 한글은 영어로 번역하고, 영어는 한글로 번역하는 프로그램 구현하기

3. 인공지능 블록 추가하기

[인공지능 블록 불러오기]에서 기계 번역을 위해 '번역', 음성 인식을 위해 '오디오 감지', 음성 합성으로 목소리를 들려 주기 위해 '읽어주기'를 추가합니다. 이 블록들은 네이버에서 제공한 인공지능 모델을 쉽게 사용할 수 있도록 만들어 놓은 것입니다.

① 엔트리 프로그래밍 환경에서 [블록]-[인공지능]-[인공지능 블록 불러오기]를 클릭합니다.

② '번역', '오디오 감지', '읽어주기'를 선택한 후 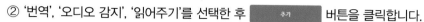 버튼을 클릭합니다.

추가 활동

'비디오 감지' 기능을 조사해 볼까요?

웹캠이나 노트북의 카메라로 사람의 얼굴, 신체, 사물 등을 인식해서 표정, 몸동작, 물건 등을 포착하는 블록입니다. 인식할 수 있는 물건에는 어떤 것이 있는지 조사해 봅시다.

4. 프로그램 구현

입력된 음성을 스스로 인식하여 영어 또는 한국어로 번역하는 프로그램을 구현해 봅시다.

① 화면 설계하기

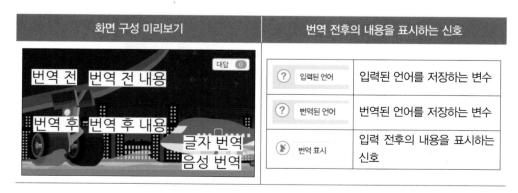

화면 구성 미리보기	번역 전후의 내용을 표시하는 신호	
	입력된 언어	입력된 언어를 저장하는 변수
	번역된 언어	번역된 언어를 저장하는 변수
	번역 표시	입력 전후의 내용을 표시하는 신호

필요한 오브젝트			
A 번역 전 내용	번역 전 인식된 글자를 출력(여러 줄 쓰기)	A 음성번역	음성 번역을 실행
A 번역 후 내용	번역된 글자를 출력 (여러 줄 쓰기)	A 글자 번역	글자 번역을 실행
A 번역 전	번역 전 문구임을 안내	공항	배경 화면
A 번역 후	번역 후 문구임을 안내		

② 글자로 입력받고 번역하기

'글자 번역' 오브젝트를 클릭하였을 때 들려 줄 목소리를 설정합니다. 그리고 '묻고 대답 기다리기' 블록으로 글자를 입력받고 '입력된 언어' 변수에 대답을 저장합니다. 입력된 언어가 한국어인지, 영어인지 판단하기 위해 [번역]의 '엔트리의 언어' 블록을 사용하여 값이 한국어일 때는 '번역된 언어' 변수에 영어로 번역된 값을 저장하고, 언어 블록의 값이 영어일 때는 '번역된 언어' 변수에 한국어로 번역된 값을 저장합니다. '읽어주기' 블록으로 '번역된 언어'에 저장된 내용을 읽어 줍니다.

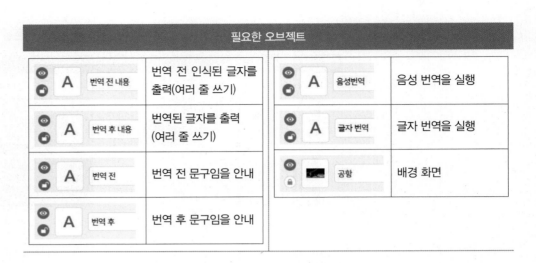

③ 번역 전과 후의 내용 출력하기

'번역 표시' 신호를 받으면 '번역 전 내용' 오브젝트에는 '입력된 언어'를 출력하고, '번역 후 내용' 오브젝트에는 '번역된 언어'를 출력합니다.

A	번역 전 내용	(번역 표시 신호를 받았을 때 / 입력된 언어 값 라고 글쓰기)
A	번역 후 내용	(번역 표시 신호를 받았을 때 / 번역된 언어 값 라고 글쓰기)

④ 음성을 인식해서 번역하기

'음성 번역' 오브젝트를 클릭하였을 때 들려 줄 목소리를 설정합니다. 음성 인식을 위해 마이크가 연결되어 있는지를 검사한 후 '음성 인식하기' 블록을 실행하여 음성 인식 창을 통해 목소리를 저장하고 '음성을 문자로 바꾼 값'에 저장합니다.

저장된 입력값을 '입력된 언어' 변수에 저장하고, 언어를 판단하기 위해 [번역]의 '엔트리의 언어' 블록으로 감지합니다. 인식한 언어가 한국어일 때는 '번역된 언어'로 번역된 영어를 저장하고, 입력된 언어가 영어로 인식되면 '번역된 언어'로 번역된 한국어를 저장합니다. '읽어주기' 블록으로 저장된 '번역된 언어'의 내용을 읽어 줍니다.

음성 번역

```
오브젝트를 클릭했을 때
여성 목소리를 보통 속도 보통 음높이로 설정하기
만일 마이크가 연결되었는가? (이)라면
    음성 인식하기
    입력된 언어 를 음성을 문자로 바꾼 값 (으)로 정하기
    만일 입력된 언어 값 의 언어 = 한국어 (이)라면
        번역된 언어 를 한국어 입력된 언어 값 을(를) 영어 로 번역하기 (으)로 정하기
    아니면
        번역된 언어 를 영어 입력된 언어 값 을(를) 한국어 로 번역하기 (으)로 정하기
    번역된 언어 값 읽어주기
    번역 표시 신호 보내기
```

⑤ 실행하기

완성된 프로그램을 실행하고 '글자 번역'이나 '음성 번역' 글상자를 선택합니다. '글자 번역' 오브젝트를 클릭하면 입력된 글자를 판단해서 영어는 한글로, 한글은 영어로 변환되어 음성으로 들려 주고 번역 전과 번역 후의 글자를 출력합니다.

'음성 번역' 오브젝트를 클릭하면 오디오 감지 창으로 목소리를 인식하여 '글자 번역' 오브젝트와 같은 방식으로 번역해 줍니다.

▲ '글자 번역' 오브젝트 클릭 시

▲ '음성 번역' 오브젝트 클릭 시

▲ 실행 결과

📖 추가 활동

다양한 언어로 확장해 볼까요?

엔트리는 한국어, 영어, 중국어, 일본어 등 약 14~15개의 언어를 지원합니다. 영어 외에 다양한 언어를 선택할 수 있도록 프로그램을 확장해 봅시다.

자연어 처리와 기계 번역

인공지능 기술 중 자연어 처리(NLP; Natural Language Processing)는 기계가 프로그래밍 언어로 명령을 내리는 것이 아니라 한국어, 영어처럼 사람이 사용하는 언어를 기계가 분석하고 이해하여 사람과 소통할 수 있도록 해 주는 연구 분야입니다. 자연어 처리 분야는 기계 번역(Machine Translation), 음성 인식, 감정 분석, 의도 분석, 자연어 추론, 유사도 예측 등으로 나뉩니다.

▲ 자연어 처리 분야

자연어 처리 분야 중 최근에 등장한 파파고로 인해 언어를 다른 언어로 번역해 주는 기계 번역(또는 자동 번역)이 매우 화젯거리입니다. 이러한 언어 번역은 사람들의 언어 장벽을 허물어 주므로 여행, 비즈니스뿐만 아니라 경제적, 문화적으로도 큰 이익을 가져다줄 것이라고 예측됩니다.

기계 번역이라는 용어는 1949년 워런 위버(Warren Weaver)가 처음 사용하였습니다. 이후 1951년 MIT에서 본격적으로 기계 번역 연구를 시작하였는데, 5년 이내에 완성할 수 있을 거라는 기대와 달리 1980년에 이르러서야 일부 분야에서만 그 성능을 인정받았습니다. 2014년 뉴욕대 조경현 교수의 RNN 알고리즘의 발표로 빅 데이터와 딥러닝 알고리즘을 통한 인공 신경망을 통한 기계 번역이 시작되었습니다.

2017년에 인간과 AI 번역 대결에서 인간이 24.5 대 10으로 압승했지만, 당시 2~3년 안에 인간 수준의 번역이 가능할 것이라 예상했습니다. 언어는 사회, 문화를 이해하고 소통하기 위한 도구이므로 아직은 인공지능이 인간을 따라잡을 수는 없지만 단순한 통역 정도는 문제없는 수준에까지 이르렀습니다.

💬 **확인해보기**

기계 번역을 통해 가능한 서비스로는 무엇이 있는지 알아볼까요?

▶ 📋 책 번역, 동영상 번역, 채팅 번역, 번역 이어폰, 통역 메가폰, 인공지능 스피커 등

Part IV

인공지능 윤리

19 인공지능의 공정성

만약 인공지능이 신인 가수 찾기 오디션을 심사한다면?

요즘 텔레비전이나 인터넷 방송을 통해 노래와 춤 등 다양한 재능을 가진 사람들이 나와서 서로 선의의 경쟁을 하고, 해당 분야 전문가와 방송을 보는 시청자들이 평가하는 프로그램들을 많이 볼 수 있습니다. 방송을 흥미롭게 보다 보면 나도 모르게 어떤 사람을 응원하기도 하고, 또 어떤 사람을 평가해 보기도 합니다. 때로는 전문가의 평가와 나의 평가가 달라서 속상하기도 하고, 왜 나와 다른 평가를 할까 분석도 합니다. 만약 인공지능이 방송에서 신인 가수 찾기 오디션 참가자들을 평가한다면 사람보다 객관적이고, 공정한 평가를 할 수 있을까요? 인공지능의 공정성에 대해 함께 알아봅시다.

📝 이 단원에서는 무엇을 알아볼까?

면접이나 오디션 등에서 사람이 사람을 평가하는 것을 보면 평가자의 경험에 따라 평가하는 대상에 관해 편견을 가지고 볼 수도 있습니다. 또한 평가에 불필요한 요소에 주목하여 예상과 다른 평가를 할 수도 있습니다. 그럼 인공지능으로 평가를 진행한다면 사람보다 공정하고 객관적인 평가가 나올까요? 여기서는 인공지능의 공정성에 대해 생각해 보겠습니다.

사용할 도구 알아보기

코드 닷 오알지(code.org)는 컴퓨터 과학과 관련하여 다양한 주제의 실습을 온라인에서 무료로 할 수 있는 비영리 웹 사이트입니다. 이 사이트는 학습자의 수준에 맞게 단계별로 블록 기반의 코딩을 재미있게 학습할 수 있도록 친근한 캐릭터와 익숙한 소재의 다양한 예제와 프로젝트를 제공합니다. 최근에는 인공지능 관련 내용이 추가되어 유용하게 활용할 수 있습니다.

코드 닷 오알지에서 인공지능을 학습하는 방법을 알아봅시다.

① 웹 브라우저의 주소 창에 다음의 주소(URL)를 입력하여, 코드 닷 오알지 홈페이지에 접속합니다.

https://code.org

② 메뉴에서 '과정 카탈로그'를 클릭한 후 이어지는 화면에서 인공지능 관련 학습을 위해 'Hour of Code' 부분에서 '더 보기'를 클릭합니다.

③ 이어지는 화면 'Code.org의 아워오브코드 활동'에서 '인공지능 탐구'의 [시작하기] 버튼을 클릭합니다.

④ 인공지능 원리와 인공지능 윤리에 관한 내용을 다양한 활동을 통해 공부할 수 있도록 학습 콘텐츠가 제공됩니다.

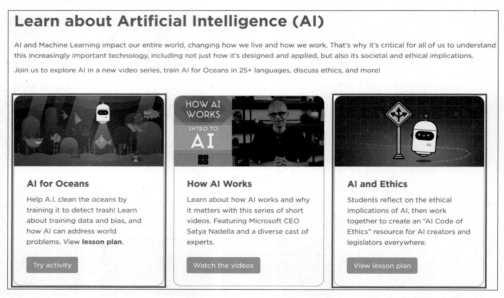

* 기계학습에 대한 소개 및 강의 영상은 한국어 번역 자막을 지원하며, 누구나 쉽게 인공지능 원리를 공부할 수 있도록 내용이 구성되어 있습니다.
* 인공지능 윤리에 관한 토론 활동도 한국어로 웹 사이트를 번역하면 토론 주제(의제) 및 활동 방법에 대한 자세한 안내를 보면서 인공지능 윤리 언플러그드 활동을 할 수 있도록 구성되어 있습니다.

• 'AI for Oceans' 코너: 기계학습에 대한 소개 및 강의 영상과 실습 활동을 통해 인공지능 원리를 학습할 수 있습니다.

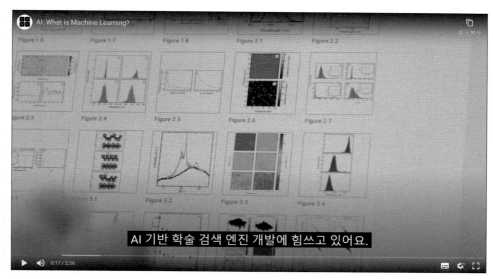

▲ 기계학습에 대한 강의 영상

언플러그드

컴퓨터 과학 원리를 컴퓨터
없이 학습할 수 있는 활동들
을 뜻합니다.

- 'AI and Ethics' 코너: 인공지능과 윤리에 대한 언플러그드 활동을 통해 인공지능
과 인공지능 윤리를 토론하는 활동을 할 수 있도록 주제와 활동 방법에 대해 안내합
니다.

강의 5 : AI 윤리 강령

6-8 학년 | 9-12 학년

개요

소규모 그룹에서 학생들은 선택한 인공 지능 (AI) 영역의 윤리적 함정을 노출하는 기사와 비디오를 사용하여 연구를 수행합니다. 그 후, 각 그룹은 선택한 영역을 다루는 솔루션 지향 원칙을 하나 이상 개발합니다. 그런 다음 이러한 원칙을 모든 AI 제작자 및 입법자들을 위해 학급 전체의 "우리 AI 윤리 강령"리소스 (예 : 슬라이드 프레젠테이션, 문서 또는 웹 페이지)로 모 읍니다.

목적

AI (인공지능)는 빠르고 여러면에서 조용히 현대 사회에 널리 퍼져 있습니다. 우리처럼 "생각"할 수 있는 "일반"또는 "강력한"AI에 아직 도달하지는 않았지만 "좋음"또는 "약한"AI를 활용하는 최신 기술은 우리 일상 생활의 거의 모든 부분에 침투했습니다. 의료 및 금융에서 소셜 네트워크 및 가상 비서에 이르기까지 특수 목적 AI는 우리 대부분이 생각하는 것보다 훨씬 더 경제적, 생물학적, 정치적, 문화적 맥락으로 확장되었습니다. AI가 효율성, 통찰력, 심지어 엔터테인먼트 측면에서 발전을 가져 왔지만 AI를 사용하면 편향 및 잘못된 정보와 같은 문제가있는 결과를 초래할 수도 있습니다. 현재와 미래의 모든 AI가 좁은 범위이든 일반이든 우리 모두에게 도움이되도록 모든 사람이 AI의 함정을 인식하는 것이 중요합니다.

의제

워밍업 (10 분)
　인공 지능이란?
　윤리 란 무엇입니까?

활동 (40 분)
　연구 및 반영
　"우리의 AI 윤리 강령"리소스 초안

마무리 (5 분)
　수업 반영

확장 학습
　AI에 대해 더 알아보기

목표

학생들은 다음을 할 수 있습니다.

- 일상 생활에서 접하는 기술을 예로 사용하여 인공 지능 (AI)을 자신의 말로 정의합니다.
- AI와 관련된 윤리적 문제와 사회에 미치는 영향의 예를 하나 이상 설명하세요.
- AI 윤리 문제를 다루는 지침 원칙을 하나 이상 만듭니다.

예비

- ☐ 그룹당 하나의 AI 윤리 연구 분야 유인물을 온라인으로 공유 할 준비를하십시오 .
- ☐ 그룹당 하나의 AI 윤리 연구 반영 유인물 을 인쇄하거나 온라인으로 공유 할 준비를하십시오.
- ☐ 공유 가능한 웹 문서, 슬라이드 프레젠테이션, 비디오 템플릿 또는 학급의 "우리의 AI 윤리 강령"리소스를 구성하는 데 사용할 기타 형식의 미디어를 준비하십시오.
- ☐ (선택 사항) AI 작동 방식 비디오 시리즈를 시청하고 수업 후 학생들과 공유 할 준비를하십시오.

연결

> 주의! 학생들과 공유하려는 모든 문서의 사본을 만드십시오.

선생님을 위해
- AI 윤리 강령 [템플릿] -슬라이드

학생들을 위해
- AI 윤리 연구 분야 -학생 유인물　[사본 만들기 ▼]
- AI 윤리 연구 성찰 -학생 유인물　[사본 만들기 ▼]
- AI 작동 원리 -비디오 시리즈

어휘

▲ 인공지능 윤리 활동 안내

📝 활동하기   인공지능에 감정 단어 학습시키기

인공지능에 감정 단어를 학습시킨 후, 결과를 분석해 봅시다.

① 바다를 위한 인공지능(AI for Oceans) 실습 코너에 접속하기

코드 닷 오알지의 인공지능 탐구 영역에서 '바다를 위한 인공지능(AI for Oceans)'의 [활동 시도하기(Try activity)] 버튼을 클릭합니다.

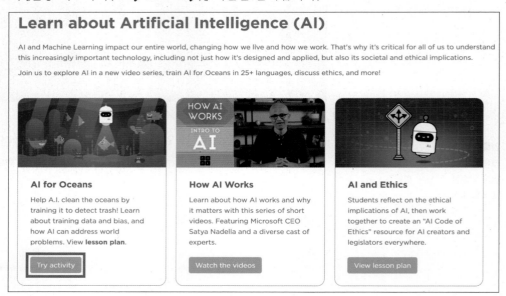

② 인공지능에 감정 단어를 학습시키는 활동 시작하기

화면 상단 가운데 부분에 마우스를 가져가면, 1부터 8까지 각 단계를 클릭하여 학습할 곳을 선택할 수 있습니다. 여기서 8번 단계를 클릭합니다.

* 여기서 '덜 분명한'이라고 설명된 단어들을 살펴보면 주관, 즉 개인의 감정이나 생각이 들어간 단어임을 알 수 있습니다.
* 화면을 한 번 더 클릭하면 "당신의 의견에 좌우되는 단어를 A.I.에게 가르쳐 봅시다. 당신의 단어와 일치하는 물고기를 고를지는 당신의 마음입니다."라는 문장이 이어지고 단어를 선택할 수 있습니다.

다음과 같이 인공지능에 가르칠 새 단어를 선택할 수 있는 화면이 나옵니다. 단어들을 살펴보면, 화면 하단의 설명과 같이 '덜 분명한' 단어들이 나열되어 있는 것을 볼 수 있습니다. 여기서는 '재미있다'를 선택해 보겠습니다.

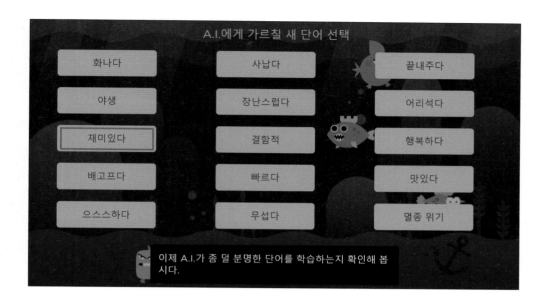

③ 인공지능에 '재미있다'란 단어 학습시키기

제시된 물고기 그림을 보고 각자 판단하여 '재미있다 아님'과 '재미있다' 중 선택하여 어떤 물고기 그림이 '재미있다'란 단어와 관련이 있는지 인공지능을 학습시키는 활동을 시작합니다.

물고기 그림에 대한 판별을 계속하며 인공지능에 '재미있다'란 단어를 학습시키다 보면 다음 그림에서처럼 질문이 이어집니다. 질문에 대해 진지하게 생각해 본 후 가르치는 활동을 계속 수행합니다. 학습한 데이터가 많을수록 인공지능이 단어를 익히기 좋으므로 충분한 학습이 되도록 활동을 계속합니다(50회 이상 추천). 어느 정도 학습이 되었다고 생각하면 화면 하단의 [계속하기] 버튼을 클릭하여 학습을 종료합니다.

④ 학습된 인공지능을 이용하여 새로운 데이터에 대한 판별 실행하기

학습을 종료하면 화면 아래의 [계속하기] 버튼이 [실행하기] 버튼으로 바뀝니다. 이어서 [실행하기] 버튼을 클릭하면 학습된 인공지능이 새로운 데이터에 대해 '재미있다', '재미있다 아님'을 판별하기 시작합니다.

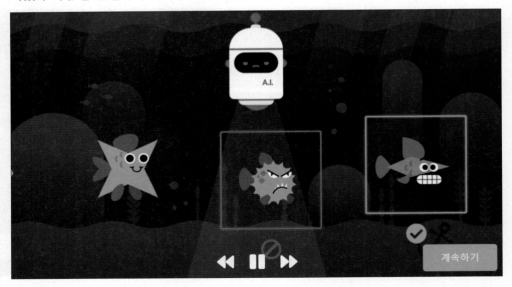

인공지능은 위 그림과 같이 우리가 '재미있다'와 '재미있다 아님'으로 각각 선택한 물고기 그림의 여러 가지 특징(색깔, 눈 모양, 입 모양, 몸통 모양 등)을 바탕으로 새로운 물고기에 대해 '재미있다'와 '재미있다 아님'을 스스로 판별하기 시작합니다. 준비된 새로운 데이터에 대한 판별이 끝나거나, [계속하기] 버튼을 클릭하면 판별이 종료됩니다.

⑤ 인공지능의 학습 결과 확인하기

학습된 인공지능의 새로운 데이터에 대한 판별이 종료되면 다음 그림과 같이 학습 결과를 확인할 수 있습니다. 먼저 화면 오른쪽 위의 ☑ 버튼(위 그림)과 🚫 버튼(아래 그림)을 각각 클릭하면 '재미있다' 또는 '재미있다 아님'으로 판별된 물고기 그림을 직접 보면서 확인할 수 있습니다.

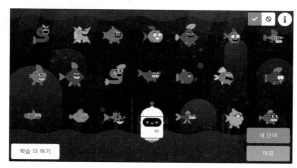

▲ '재미있다'로 판별된 물고기

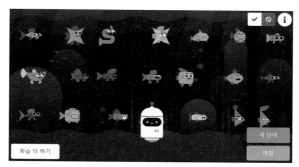

▲ '재미있다 아님'으로 판별된 물고기

또, 다음 그림에서 보는 바와 같이 🚫 버튼 옆에 있는 ⓘ 버튼을 클릭하면 학습 과정에서 물고기 그림의 입, 몸통, 색, 눈, 꼬리 중에서 어떤 특징을 더 중요하게 생각하며 '재미있다'란 단어를 선택하였는지에 대한 정보를 볼 수 있습니다. 또한, 제시된 물고기들을 각각 클릭하면 왜 이 물고기 그림이 '재미있다' 또는 '재미있다 아님'으로 판별되었는지 색깔로 구별하여 그 이유에 대해 자세히 설명하는 그림이 나옵니다.

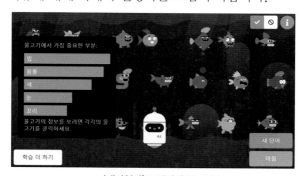

▲ '재미있다'로 판별된 물고기

▲ '재미있다 아님'으로 판별된 물고기

⑥ 인공지능의 학습 결과 분석하기

어떤 데이터로 인공지능을 학습시키느냐에 따라 인공지능의 판단 기준이 달라지므로 어떤 학습 데이터가 제공되느냐는 매우 중요한 일입니다.

우리는 이번 활동을 통해 인공지능은 학습한 내용을 바탕으로 새로운 데이터에 대해 스스로 판별한다는 것을 확인하였습니다. 우리가 '재미있다' 또는 '재미있다 아님'으로 인공지능을 학습시킨 물고기 그림 데이터가 결국 인공지능이 새로운 물고기 그림 데이터에 대해 판별하는 기준이 되었습니다. 즉, 어떤 데이터로 인공지능을 학습시키느냐가 인공지능의 판단 기준이 되는 것입니다.

💡 생각해 보기

다른 친구들의 학습 결과와 비교해 봅시다. '재미있다'란 단어에 대한 여러분의 생각과 다른 친구들의 생각이 일치하나요? 만약 그렇지 않다면 이유가 무엇일지 생각해 봅시다. 또, 더 많은 친구가 '재미있다'에 대한 인공지능의 판단에 동의하게 하려면 어떻게 해야 하는지 방법에 대해서도 생각해 봅시다.

✓ 만약, 단어에 대한 학습이 의도한 대로 잘 안 된다면?

본인의 선택에 일정한 규칙이나 패턴이 없기 때문일 수 있습니다. 같은 눈 모양에 대해 어떤 물고기에 대해서는 '재미있다'로, 다른 물고기에서는 '재미있다 아님'으로 선택하는 것과 같이 일관성이 없는 선택을 한다면 인공지능은 학습에 어려움을 겪을 것입니다. 물고기 그림의 각 특징에 대해 본인이 느끼는 감정에 대한 단어를 다시 가르쳐 보세요.

또는 학습한 데이터 양이 적기 때문일 수 있습니다. 학습량을 충분히 늘려서(50회 이상) 다시 학습 과정을 수행하시기 바랍니다.

🔍 더 알아보기   감정 단어와 같이 주관적인 판단을 하는 인공지능 활용 사례에는 어떤 것들이 있을까요?

사진 속 사람 표정을 보고 감정을 인식하고, 아기 울음소리에서 아기 상태를 인식하는 기술이 연구되고 있습니다. 각각 어떻게 학습했느냐에 따라 인공지능의 인식과 판단 결과가 달라집니다.

| 학습에 도움이 되는 추천
영상 QR 코드

인공지능이 학습한다고?
인공지능의 원리

🔍 깊이 이해하기 인공지능은 공정할까?

코로나 19로 인하여 사회 각 분야에 비대면 방식이 보편화되면서 기업에서 사람을 채용할 때도 인공지능 면접을 많이 활용하고 있습니다. 인공지능 면접은 인공지능 소프트웨어가 면접관이 되어 관련 분야에 대한 지식을 지원자들에게 질문하고, 지원자들의 대답을 분석하여 평가하는 기술입니다. 이때, 인공지능은 지원자의 표정, 목소리, 눈 움직임 등을 분석하여 평가합니다.

구직자를 대상으로 한 인공지능에 관한 설문 조사에서 구직자들은 인공지능 면접보다 사람이 하는 대면 면접을 더 선호한다고 응답하였으나, 공정성에 대해서는 인공지능 면접이 더 공정한 것 같다고 응답한 비율이 그렇지 않다는 응답보다 더 높게 조사되었습니다.

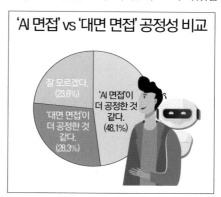

▲ 인공지능 면접 장면과 인공지능 면접에 대한 설문 조사 결과

인공지능은 데이터를 이용하여 학습하는데, 그 데이터에 따라 공정성이 달라집니다.

과연 인공지능은 사람들이 생각하는 것처럼 공정할까요? 결론은 인공지능은 공정할 수도 있고, 그렇지 않을 수도 있다는 것입니다. 분명한 건 인공지능은 그 자체로 공정성을 지니고 있지 않다는 것입니다.

인공지능은 기본적으로 어떤 데이터로 학습시켰느냐에 따라 어떤 판단을 내릴지가 결정됩니다. 인공지능 면접의 경우도 마찬가지로 인공지능 면접 소프트웨어를 개발할 때 어떤 데이터로 학습했느냐에 따라 지원자에 대한 평가가 달라질 수 있게 되는 것입니다. 즉, 각각의 질문에 대해 어떻게 대답하는 것이 기업에서 요구

▲ 인공지능은 과연 공정할까?

하는 답에 가까운지, 또 어떤 표정이 기업에서 원하는 자신감 있는 표정인지, 시선 처리는 어떻게 하는 것이 안정적인지 등 해당 기업이 선호하는 내용의 정답 데이터로 학습한 인공지능 소프트웨어가 학습한 데이터를 기준으로 지원자들을 평가하게 되는 것입니다.

| 학습에 도움이 되는 추천
영상 QR 코드

인종 차별하는 인공지능

1. 데이터 편향성

인공지능이 학습한 데이터가 한쪽으로 치우치거나 너무 적은 양일 때 그로 인하여 공정하지 못하고, 잘못된 판단을 내리는 문제를 데이터 편향성이라고 합니다. 다양한 사례를 통해 데이터 편향성 문제에 대해 살펴보겠습니다.

사례 1 세계적인 전자 상거래 기업 아마존은 직원 채용 과정에서 지원자를 심사하기 위해 인공지능 소프트웨어를 도입한 적이 있습니다. 그런데 남성 비중이 높았던 과거 IT 기업의 지원자 데이터로 학습한 인공지능을 사용한 것입니다. 결국, 이러한 데이터 불균형으로 인해 인공지능은

▲ 인공지능 면접에서 데이터 편향성

남성 지원자를 더 높게 평가했습니다. 인공지능 면접에서 편향성을 인지한 아마존은 결국 해당 인공지능 소프트웨어를 채용 과정에서 사용하지 않도록 조치하였습니다.

사례 2 인공지능 얼굴 인식 소프트웨어의 경우, 백인 남성을 가장 잘 인식하였고 흑인 여성은 잘 인식하지 못하고 오류가 나는 경우가 많았으며, 청년층은 잘 인식하나 노년층과 유년층에 대해서는 잘 인식하지 못하고 많은 오류가 발생하였습니다. 이는 얼굴 인식 인공지능 학습에 사용된 사진 데이터로 백인, 남성, 청년층 데이

▲ 인공지능 얼굴 인식 데이터 편향성

터가 활용되었기 때문으로 분석되었습니다.

사례 3 인공지능 언어 번역 소프트웨어는 여성 이름을 '부모', '결혼'과 같은 속성에 연결하는 경향이 있지만, 남성 이름은 '전문직', '급여'와 같은 단어와 연결하는 경향이 강한 것으로 나타났습니다. 그 원인은 인공지능 스스로 이와 같은 연결 성향을 갖게 된 것이 아니라, 성별 수식어를 반영하는 문장이나 문구를 통해 학습되었을 가능성이 크다고 분석되었습니다. 즉, 인공지능 언어 번역 소프트웨어가 학습한 과거의 많은 문서 데이터에서 여성과 남성을 각각 수식한 단어들로 인하여 언어 번역 시에 더 선호하는 해석이 있었다는 것입니다.

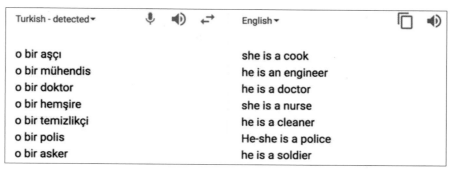

3인칭 대명사에 성별 구분이 없는 터키어를 구글 번역을 이용해 영어로 번역하자 군인이나 엔지니어, 의사는 He(남자)로 번역하고 간호사나 선생님은 She(여자)로 번역한 사례입니다.

▲ 인공지능 언어 번역 데이터 편향성

이와 같이 데이터 편향성 문제는 인공지능 소프트웨어가 활용되는 모든 분야에서 발생할 수 있습니다. 이러한 데이터 편향성이 발생하는 원인으로 크게 두 가지를 생각할 수 있습니다.

첫째, 한쪽으로 치우친, 즉 다양성이 확보되지 않은 데이터로 인해 발생합니다. 인공지능의 학습 데이터로 성별, 인종, 지역, 시간 등에서 다양한 데이터를 사용하지 않으면 특정 집단의 선입견과 고정 관념, 과거의 관행 등이 반영될 수 있어서 그것으로 학습한 인공지능은 올바른 판단을 내릴 수가 없습니다.

둘째, 데이터의 양이 충분하지 않은 경우로 인하여 발생합니다. 인공지능의 학습 데이터로 해당 분야에 대해 충분하지 않은 적은 양의 데이터가 사용되는 경우, 일부 내용으로 전체를 판단하게 되어 올바르지 않은 결과가 나올 가능성이 커지게 됩니다.

인종 편향적 내용이 다수 포함된 데이터를 학습한 마이크로소프트의 트위터 챗봇 테이(Tay)가 인종·성차별적 발언을 지속하다 서비스 16시간 만에 폐쇄되었습니다.

▲ 인종, 성차별적 발언을 지속하다 서비스가 폐쇄된 챗봇 테이(Tay)
— 출처: http://www.techm.kr/news/articleView.html?idxno=5413

데이터 편향성 문제는 장기적으로 보면 사람들이 인공지능 기술을 신뢰하지 못하는 결과로 이어질 수 있습니다. 인간의 의사 결정에 도움을 제공하고 우리의 생활을 편리하게 만드는 인공지능 기술이 올바르게 사용되기 위해서는 이 문제를 심각하게 인식하고 인공지능의 공정성을 확보하기 위한 노력이 필요합니다.

2. 인공지능의 공정성을 확보하기 위한 노력

인공지능의 공정성을 어떻게 하면 확보할 수 있을까요? 사실 인간에게도 공정성은 쉬운 문제가 아닙니다. 공정함이라는 것은 시대, 문화, 성별 등에 따라 기준이 다르고, 공감하는 부분도 다르고, 각각 적용하는 방법 또한 다르기 때문입니다. 그러나 그렇다고 해서 인공지능에서 공정성을 포기할 수는 없습니다. 할 수 있는 한 공정성을 확보하기 위해 노력하는 것이 필요합니다. 그렇게 할 때 인간의 의사 결정을 돕고, 올바르게 판단할 수 있는 신뢰성 높은 인공지능 기술이 만들어질 수 있기 때문입니다.

인공지능의 공정성을 확보하려면 구체적으로 어떻게 해야 할까요? 먼저 인공지능이 학습하는 데이터를 수집할 때 최대한 다양성이 확보될 수 있도록 해야 합니다. 즉 인종, 국가, 성별, 나이, 종교, 정치 성향 등에서 어느 한쪽에 치우치지 않은 데이터를 사용해야 합니다.

또, 인공지능이 학습할 때 충분한 양의 데이터를 확보하여 일부 데이터로 전체를 판단하는 오류를 방지해야 합니다. 그리고 설명 가능한 인공지능을 개발하여 인공지능이 어떤 데이터로 어떻게 학습하여 판단을 내리는지 인공지능의 처리 과정을 살펴보고, 그 과정에서 공정성에 문제가 없는지 확인하는 것이 필요합니다.

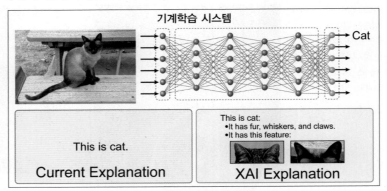

▲ 설명 가능한 인공지능 기술의 예

또한 데이터 편향을 찾아내고 분석할 수 있는 인공지능 기술의 연구와 개발도 필요합니다. 데이터 편향 문제가 발생하고 나면 그 피해와 해당 인공지능 기술의 신뢰성 회복은 매우 어렵게 됩니다. 따라서 문제가 발생하기 전에 인공지능 기술을 평가하여 학습에 사용된 데이터에 편향 문제가 없는지 사전에 분석할 수 있는 인공지능 기술의 연구와 개발을 해야 합니다.

💬 토의하기 　만약 인공지능이 신인 가수 찾기 오디션을 심사한다면 공정하게 평가할까?

　지금까지 살펴본 내용을 토대로 인공지능의 공정성에 대해 자신의 생각을 친구들과 함께 이야기해 봅시다. 각자가 생각하는 공정함은 무엇인지, 만약 인공지능이 신인 가수 찾기 오디션의 심사위원이 된다면 과연 공정하게 평가할 수 있을지 자유롭게 토론하는 시간을 가져 봅시다. 단, 자신의 주장에 대해서는 반드시 이유가 있어야 하겠지요? 자기주장에 대한 근거도 함께 제시해 봅시다.

① 내 주장은

입니다.

② 왜 그런지 근거를 토대로 자신의 상세 주장을 논리적으로 펼쳐 봅시다.

예
▶ **상세 주장:** 인공지능은 공정하게 평가하기 어려울 것입니다.

▶ **근거:** 오디션 심사위원 인공지능도 결국 어떤 데이터로 학습하느냐에 따라 더 좋아하는 음악이 있을 것이고, 그로 인해 실력이 아닌 선호하는 음악에 따라 점수가 달라질 수 있기 때문에 공정할 수 없을 거라고 생각합니다.

▶ 상세 주장 1:
▶ 근거 1:

▶ 상세 주장 2:
▶ 근거 2:

20 인공지능 활용 자세

인공지능은 우리의 친구가 될 수 있을까?

정보 기술의 발달로 인공지능의 사용이 많은 분야로 점차 확대되고, 일상에서 인공지능이 탑재된 제품의 사용이 늘면서 인공지능은 어느덧 우리의 일상생활에 깊숙이 다가오고 있습니다. 인공지능은 기존의 정해진 규칙대로 동작하는 기계나 프로그램과 달리 학습한 데이터를 바탕으로 주어진 상황을 스스로 분석하고 판단하여 작동합니다. 앞으로 우리는 인공지능이 한 결정에 영향을 받는 세상에서 살아갈 것입니다.

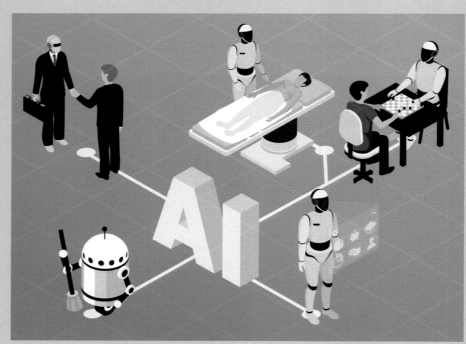

과연 인공지능은 우리의 필요를 충족시키고 우리를 도와주는 기술이 될 수 있을까요? 아니면 인공지능 관련 SF 영화에서처럼 사회 문제를 일으키고, 사람에게 해를 끼치는 기술이 될까요? 인공지능이 친구처럼 우리에게 도움을 주는 안전한 기술로 발전하려면 무엇이 필요한지 함께 알아봅시다.

📝 이 단원에서는 무엇을 알아볼까?

인공지능 기술의 발달로 인공지능은 인간과 같은 고도의 자율성을 가지고 판단하는 것이 가능한 상태가 되었습니다. 이러한 인공지능은 처음 만들어질 때 목적과 같이 우리에게 도움을 주고 필요를 충족시키는 방향으로 사용될 수 있을까요? 아니면 우리에게 해를 끼치고 여러 가지 사회 문제를 일으키는 방향으로 사용될까요? 이렇게 두 가지 다른 방향을 결정하는 것은 무엇이며, 어떻게 해야 인공지능을 안전하게 사용할 수 있을까요? 여기서는 인공지능 윤리에 대해 생각해 봅시다.

⠿ 사용할 도구 알아보기

모럴 머신(Moral Machine)은 무인 자동차가 운행할 때 발생할 수 있는 다양한 상황을 제시하여 인공지능의 윤리적 결정에 대한 사회적 인식을 수집하기 위한 웹 사이트입니다. 여기서는 결과가 다른 두 가지 상황이 제시되고, 외부 관찰자로서 어떤 상황을 받아들일 수 있는지 결정해야 합니다. 결정을 내린 후 자신의 응답과 다른 사람의 응답을 비교해 볼 수 있고, 이를 또 다른 사람들과 공유할 수도 있습니다. 또한 자신만의 시나리오를 만들 수도 있습니다.

① 웹 브라우저의 주소 창에 URL을 입력하여 모럴 머신 사이트에 접속합니다.

> https://www.moralmachine.net/hl/kr

딜레마란 선택해야 하는 길은 2개뿐인데 그 어느 쪽도 바람직하지 못한 결과를 초래하는 상황을 의미하는 용어입니다.

② 모럴 머신(Moral Machine) 홈페이지에 접속하여 메뉴에서 '평가'를 클릭합니다. 그러면 무인 자동차에서 발생할 수 있는 윤리적 딜레마 상황에 대한 13가지 질문이 이어지며, 두 가지 중 어떤 상황을 받아들일 수 있는지 선택하는 활동이 시작됩니다.

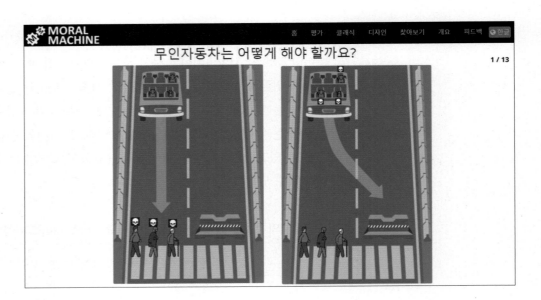

트롤리 딜레마는 영국의 철학
자 필리파 풋과 미국의 철학
자 주디스 자비스 톰슨이 고
안한 트롤리 전차 사고 실험
으로 윤리적 딜레마 상황에서
두 가지 중 어떤 것을 받아들
일 수 있는가를 선택하여 도
덕성을 판단하고 토론하는 실
험입니다.

③ 메뉴에서 [클래식]을 클릭하면 모럴 머신의 원조격인 '트롤리 딜레마'에 대한 세 가지 경우가
제시되고, 각 경우에서 두 가지 중 어떤 상황을 받아들일 수 있는지 선택하는 활동이 시작됩니다.

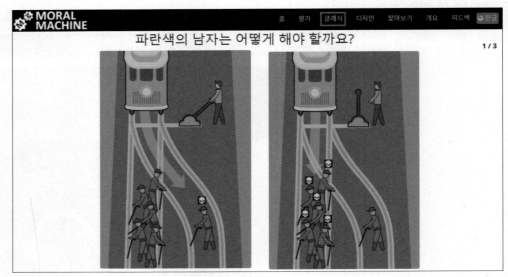

④ 메뉴에서 [디자인]을 클릭하면 새로운 무인 자동차 딜레마 상황을 만들 수 있고, 이것을 다른
사람들과 공유하여 함께 활동할 수 있습니다.

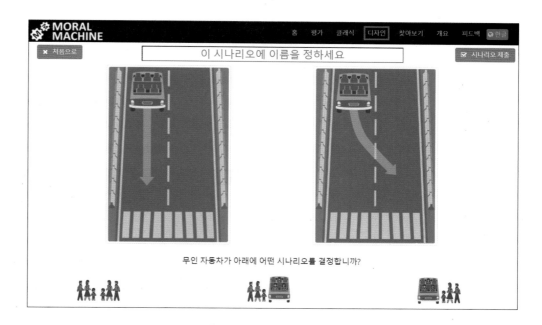

⑤ 메뉴에서 [찾아보기]를 클릭하면 전 세계의 다른 사람들이 만든 무인 자동차 윤리적 딜레마 시
나리오를 수행해 볼 수 있습니다.

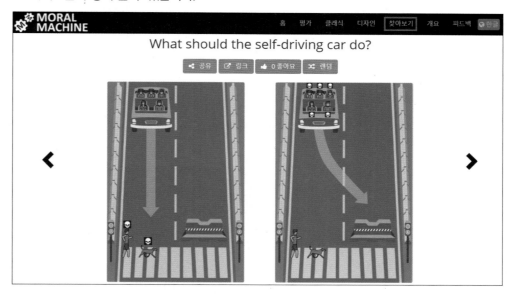

모럴 머신으로 인공지능 윤리 생각하기

① 모럴 머신(Moral Machine)에 접속하기

　컴퓨터에 있는 웹 브라우저의 주소 창에 'https://www.moralmachine.net/hl/kr'를 입력하여 모럴 머신 홈페이지에 접속합니다. 홈페이지 화면에서 소개 영상 링크 아랫부분에 있는 [시작하기] 버튼을 클릭하여 활동을 시작합니다.

② 윤리적 딜레마 상황에서 받아들일 수 있는 상황 선택하기

　[시작하기] 버튼을 클릭하면 다음과 같이 어떤 윤리적 딜레마 상황이 그림으로 주어지고, 두 가지 중 어떤 상황을 받아들일 수 있는지 그림을 클릭하여 선택하도록 합니다.

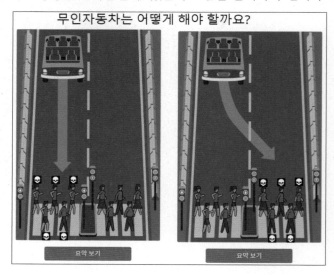

*상단 메뉴의 '평가'를 클릭하는 것으로도 모럴 머신 활동을 시작할 수 있습니다.
*모럴 머신 소개 동영상을 클릭하면 모럴 머신에 대한 45초짜리 안내 영상이 나옵니다. 설정에서 자막 나옴과 한국어 자동 번역을 선택해서 재생하면 한국어로 설명을 볼 수가 있습니다.

[요약 보기] 버튼을 클릭하여 자세한 상황을 파악하고 선택을 하기를 추천합니다.

이때, 그림의 상황이 잘 이해되지 않거나 상황에 대해 좀 더 자세한 설명을 보고 싶으면 [요약 보기] 버튼을 클릭하면 다음 그림과 같이 어떤 상황인지 자세하게 설명이 나옵니다. 예를 들어, 지금 무인 자동차는 갑작스러운 브레이크 고장으로 사고가 발생하는 상황입니다. 만약 왼쪽 그림처럼 자동차가 직진하게 되면 빨간불에 무단횡단을 하던 2명의 여성 운동선수와 2명의 남성 운동선수, 1명의 남성이 사고를 당하게 됩니다. 또한, 오른쪽 그림처럼 자동차가 좌회전하면 녹색불에 정상적으로 횡단보도를 건너던 1명의 비만 여성, 2명의 남성, 1명의 여성, 1명의 비만 남성이 사고를 당하게 됩니다. 이때, 두 가지 중 어떤 상황을 받아들일 수 있는지 선택하는 것입니다.

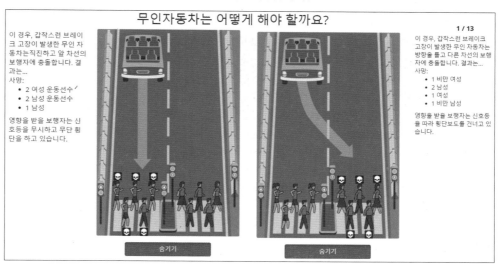

③ 다양한 윤리적 딜레마 상황을 파악하고 받아들일 수 있는 상황 선택 계속하기

상황은 매우 복잡하고 다양하게 무작위로 제시됩니다. 충분히 생각하고 고민해서 결정하도록 합니다.

다음과 같이 계속하여 상황이 바뀌면서 새로운 윤리적 딜레마 상황이 그림으로 제시되고, 이때 무인 자동차는 어떻게 해야 하는지 질문이 나오며 두 가지 중 어떤 상황을 받아들일 수 있는지 선택하도록 합니다. 각 상황에 대해 그림과 함께 [요약 보기] 버튼을 클릭하여 분석해 보고, 자신의 윤리적 판단에 따라 받아들일 수 있는 상황을 선택하도록 합니다. 질문은 13개가 이어집니다. 끝까지 하여 마무리해 봅시다.

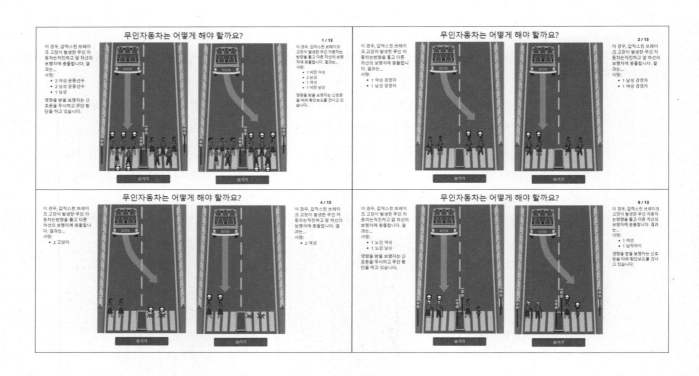

④ 선택 결과 확인하고 스스로 평가하기

모든 상황에 대한 선택이 끝나면 결과 분석 화면이 제시됩니다. 자신의 선택에 따라 가장 많이 살려 준 캐릭터, 가장 많이 희생된 캐릭터가 표시됩니다. 또한, 다른 사람들의 선택 결과와 비교하여 희생자 숫자의 중요도, 승객 보호 선호도, 법규 준수 여부의 선호도, 개입에 대한 회피 선호도, 성별 선호도, 종에 대한 선호도, 연령 선호도, 체력 선호도, 사회적 가치관 선호도의 정도가 분석되어 제시됩니다. 자신의 선택 결과에 대한 분석이 본인의 도덕적인 판단과 일치하는지 확인해 봅시다.

* '개입에 대한 회피 선호도'는 무인 자동차가 원래 가는 방향(직진) 그대로 가는 것을 더 선택하는 경향을 말합니다.
* '종에 대한 선호도'는 다른 동물보다 인간을 더 살리는 선택을 하는 경향을 말합니다.
* '사회적 가치관 선호도'는 사회적으로 더 인정받는 사람을 살리는 선택을 하는 경향을 말합니다.

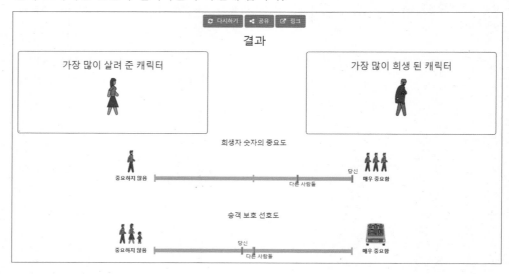

⑤ 다른 사람의 선택 결과를 확인하고 토론하기

　실습 결과 분석 화면에서 제시되는 가장 많이 살려 준 캐릭터와 가장 많이 희생된 캐릭터에 관한 결과와 희생자 숫자의 중요도, 승객 보호 선호도 등과 같은 도덕적 판단 기준에 대한 각 항목의 결과에 대해 자신의 생각은 어떠한지 발표하고, 다른 사람들은 어떻게 생각하는지 들으며 서로 왜 그러한지 이유를 말하고 토론하는 활동을 해 봅시다. 다음 활동지를 활용해도 좋습니다.

* 모럴 머신은 실습하는 사람에 따라 다른 상황이 무작위로 제시되기 때문에 어떤 특정 상황에 대해 어떤 선택을 했는지 확인하고 토론하는 것은 어렵습니다.
* 도덕적 판단 기준에 대한 항목들의 결과 화면에서 가장 왼쪽에 해당하면 1을, 가장 오른쪽에 해당하면 5를, 나머지는 2~4까지 가장 가까운 위치에 해당하는 숫자를 적어 봅시다(5점 척도).

〈모럴 머신 선택 결과 토론하기〉

1. 가장 많이 살려 준 캐릭터: ＿＿＿＿＿＿＿＿＿
　가장 많이 희생된 캐릭터: ＿＿＿＿＿＿＿＿＿
　결과에 대한 이유는? ＿＿＿＿＿＿＿＿＿＿＿＿＿＿＿＿＿＿＿

2. 도덕적 판단 기준에 대한 항목들의 선호도 1에서 5 사이의 숫자로 표시
　희생자 숫자의 중요도(1-중요하지 않음, 5-매우 중요함): ＿＿＿
　승객 보호 선호도(1-중요하지 않음, 5-매우 중요함): ＿＿＿
　법규 준수 여부의 선호도(1-중요하지 않음, 5-매우 중요함): ＿＿＿
　개입에 대한 회피 선호도(1-좌회전, 중요하지 않음, 5-직진, 매우 중요함): ＿＿＿
　성별 선호도(1-남성, 5-여성): ＿＿＿
　종에 대한 선호도(1-인간, 5-동물): ＿＿＿
　연령 선호도(1-아기, 5-노인): ＿＿＿
　체력 선호도(1-건강인, 5-비만인): ＿＿＿
　사회적 가치관 선호도(1-높음, 5-낮음): ＿＿＿
　각 항목들의 결과에 대한 이유는? ＿＿＿＿＿＿＿＿＿＿＿＿＿＿＿

⑥ 모럴 머신 활동에 대한 국가별 결과 확인하기

　모럴 머신을 개발한 MIT 미디어랩은 모럴 머신 사이트에서 18개월 동안 233개 국가와 지역 230만 명이 참여한 4,000만 가지의 무인 자동차 윤리적 판단 사례를 수집하고 분석하여 2018년 10월 세계적인 과학 학술지 네이처에 발표하였습니다. 전체적인 통계 결과를 살펴보면 모럴 머신 참여자들은 소수보다는 다수의 사람, 애완동물보다는 사람, 범죄자보다 기업 임원, 의사 등 사회적 지위가 높은 사람의 안전과 생명을 중요하게 여긴다고 분석되었습니다. 또 흥미로운 사실은 아래 그림과 같이 국가별로 도덕적 판단 기준에 대한 항목들의 결과가 많은 차이를 보였다는 사실입니다. 이를테면 같은 동양권에서도 일본은 보행자를 가장 중시하였고, 중국은 탑승자를 가장 중시하였습니다. 이러한 차이는 국가의 문화가 무인 자동차 윤리에 큰 영향을 준다는 사실을 보여 줍니다.

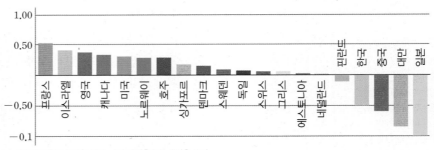

* 1에 가까울수록 많은 사람, −1에 가까울수록 개인을 중시

▲ 다수의 사람과 개인의 중요도 국가별 비교

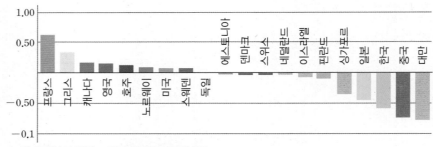

* 1에 가까울수록 젊은층, −1에 가까울수록 고령층을 중시

▲ 고령층과 젊은층의 중요도 국가별 비교

⑦ 모럴 머신 활동을 통해 인공지능 윤리 생각하기

무인 자동차는 아직 본격적으로 상용화되지 않았으며, 실제로 어떻게 작동시켜야 하는지에 대한 관련 법도 아직 정비되지 않은 상태입니다. 또 모럴 머신과 같은 어떤 설문이나 통계 결과만을 가지고 인공지능 윤리 지침이나 규정을 만들 수는 없습니다.

그러나 모럴 머신 활동을 통해 앞으로 무인 자동차에 대한 윤리 기준을 어떻게 작성해야 하는지 사회적 합의는 어떻게 이끌어야 하는지, 국가별, 지역별로 다른 윤리 기준의 차이를 어떻게 반영할지 등을 사전에 생각하고 질문하며 나아가 인공지능 윤리에 대해 생각하는 계기를 마련할 수 있습니다.

이와 같이 인공지능 윤리는 인류가 아직 경험하지 못한 미래에 대한 윤리이기 때문에 사전에 충분히 고민하고 토론하며 사회적 합의를 이끄는 기반을 마련하는 것이 중요합니다.

생각해 보기

내가 무인 자동차를 개발하거나 판매하는 사람이라면 윤리적 판단 기준을 어디에 두어야 할까요? 만약 앞에서 활동했던 모럴 머신의 결과(외부 사람들의 피해가 최소화되고, 탑승자가 희생되는 설계)와 같이 무인 자동차를 만든다면 과연 사람들은 그것을 구매할까요? 이러한 문제를 해결하기 위해서 어떻게 해야 할지 함께 생각해 보고 자신의 의견을 이야기해 봅시다.

🔍 더 알아보기 모럴 머신의 특정 상황에 대해 함께 토론하기 위해 내가 속한 모둠에서 새로운 상황을 만들어 제시할 수는 없을까?

① 모럴 머신 홈페이지 상단 메뉴에서 [디자인]을 클릭해 봅시다.

⚙ MORAL MACHINE · 홈 평가 클래식 디자인 찾아보기 개요 피드백 🔵 한글

② 아래와 같이 다양한 무인 자동차 딜레마 시나리오를 작성할 수 있습니다. 함께 토론해 보고 싶은 상황을 직접 만들어 봅시다.

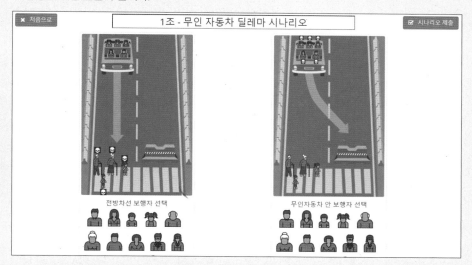

③ 시나리오를 만들고 [시나리오 제출] 버튼을 누르면 다음과 같이 새로 만든 시나리오를 공유하여 다른 모둠이나 친구들과 함께 새로운 무인 자동차 딜레마 상황에 대해 함께 토론할 수 있습니다.

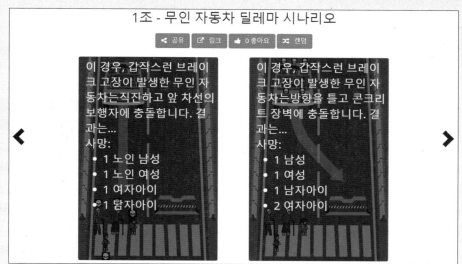

인공지능에게 윤리가 필요할까?

인공지능은 정해진 대로 동작하는 기존의 기계나 프로그램과 달리 스스로 판단하는 자율성을 가지고 인간처럼 상황을 분석하여 어떤 결정을 내리도록 만들어집니다. 이로 인해 인류는 지금까지 경험하지 못한 새로운 문제에 직면하였습니다. 예를 들어 인공지능이 운전하는 자동차가 교통사고를 냈다면, 인공지능 의사가 의료 사고를 냈다면, 인공지능의 조언에 따라 투자를 했는데 큰 손해를 보았다면 어떻게 해야 할까요? 인공지능으로 인한 다양한 문제들이 여러 분야에서 일어날 수 있습니다. 인공지능의 판단이나 사용으로 인해 문제가 발생했을 때 그 결과와 책임에 대한 문제는 어떻게 다루어야 할까요?

▲ 인공지능 의사가 낸 의료 사고는 법적으로 누구 책임일까?

1. 인공지능 윤리의 필요성

앞으로 인공지능은 지금보다 일상에서 더욱 폭넓게 사용될 것입니다. 만약 인공지능 윤리 지침이 마련되지 않은 상태에서 인공지능 관련 사건, 사고가 다수 발생하기 시작한다면 사회는 인공지능으로 인하여 큰 혼란에 빠질 수도 있습니다.

뉴스를 통해 접하는 다양한 사건, 사고들에 대해 우리는 윤리적 기준으로 판단하고 해석합니다. 마찬가지로 인공지능에 대한 윤리가 마련되어 있다면 인공지능과 관련한 사고가 발생했을 때, 우리는 그것을 기준으로 사고의 결과와 책임을 판단할 수 있을 것입니다. 따라서 인공지능 기술이 어떻게 사용되어야 하며, 인공지능이 상황에 따라 어떻게 판단하고 결정할 것인가에 대한 고민을 종합적으로 다루는 인공지능 윤리가 필요합니다.

인공지능 윤리 지침에 따라 인공지능을 개발하고, 올바르게 사용할 수 있도록 법과 제도와 같은 다양한 장치를 만든다면 인공지능이 우리 사회에서 더 유익하고 안전하게 이용될 수 있을 것입니다.

▲ 인공지능 윤리 관련 발언들

우리나라에서는 2020년 12월 4차산업혁명위원회에서 '인공지능 윤리 기준'을 발표하였습니다.
관련 링크: https://www.4th-ir.go.kr/article/detail/1197?boardName=internalData&category=agenda

그러나 인공지능 윤리는 아직 확정되지 않았으며 이제 막 논의가 이루어지고 있습니다. 전 세계는 사회적 합의를 이루고 인공지능 윤리 지침을 만들기 위해 노력하는 중입니다. 그런데 인공지능 윤리 지침을 만들고 사회적 합의를 이끄는 것은 결코 쉬운 일이 아닙니다. 인공지능을 둘러싼 이해관계자들, 즉 개발자·사용자·관리자의 윤리적 측면이 다르기 때문입니다.

2. 개발자·사용자·관리자의 인공지능 윤리

미국과 유럽, 그리고 국내에서 인공지능 윤리의 대원칙은 대체로 인공지능은 인간의 존엄성과 사회의 공공선을 지켜야 한다는 것으로 합의가 이루어지고 있습니다. 문제는 이 원칙을 어떻게 구체화하고 실천 가능한 지침으로 만드느냐입니다. 따라서 인공지능과 관련된 개발자·사용자·관리자가 더욱 신경을 쓰고, 유의해야 할 윤리적 측면을 살펴볼 필요가 있습니다.

개발자·사용자·관리자가 각자에게 해당하는 인공지능의 윤리적 측면을 고려하여 윤리 지침을 만들고 그것을 지키려 노력한다면 인공지능은 처음 만들어질 때 목적과 같이 유용하고 안전하게 사용될 수 있을 것입니다.

먼저 개발자 관점에서 살펴봐야 할 인공지능 윤리는 인공지능을 개발할 때 공정성을 바탕으로 사용하는 데이터에 편향이 없도록 노력해야 한다는 것입니다. 또한 통제가 가능한 장치를 마련하여 개발 목적에 맞지 않거나 의도치 않게 인공지능이 작동할 경우를 대비해야 합니다. 인공지능은 결국 개발자의 성향과 의도에 따라 인공지능이 갖는 자율성 수준이 결정되기 때문에 개발자의 윤리 의식이 중요합니다.

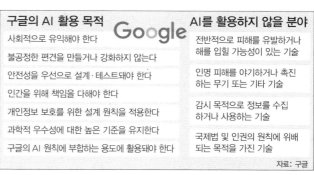

▲ 구글의 인공지능 윤리 원칙

다음으로 사용자 관점에서 살펴봐야 할 인공지능 윤리는 인공지능을 이용할 때 미리 안내된 사용자의 권한과 책임을 숙지하고 올바르게 인공지능을 이용하려고 노력하는 것이 필요합니다. 또한 수동적으로 인공지능을 이용하는 것이 아닌 주체적으로 어떤 문제점에 관해 설명을 요구하고, 인공지능 사용에 대한 정보를 다른 사람들과 공유하는 것도 중요합니다. 또 인공지능 사용으로 인하여 다른 누군가에게 피해를 주지 않도록 안전하게 사용하도록 노력해야 합니다.

끝으로 관리자 관점에서 살펴봐야 할 인공지능 윤리는 인공지능 개발자와 인공지능 이용자를 모두 고려한 인공지능 관련 지침을 만들고자 노력해야 하며, 더 나아가 인공지능 윤리와 관련하여 사회적 합의를 이끌고 법과 제도를 마련하여 인공지능 사용에 대한 권한과 책임을 명확히 하려고 노력해야 합니다.

인용 사진 출처